멋지게 거절하고
단호하게 행복해져라

멋지게 거절하고
단호하게 행복해져라

리사 프랭크포트 · 패트릭 패닝 지음 | 김인숙 옮김

바이북스
ByBooks

옮긴이_ **김인숙**

숙명여자대학교 영어영문학과 졸업 후 이익훈 어학원과 민병철 어학원에서 독해 강의를 했으며, 현재 번역가로 활동중이다. 번역서로는 『자녀교육의 특별한 기회』『굿바이 미스터 칩스』『청소년을 위한 신화이야기』『삶을 풍요롭게 하기 위한 여덟 가지 방법』『10대 소녀들을 위한 인간관계론』등 다수가 있다.

멋지게 거절하고
단호하게 행복해져라

초판 1쇄 인쇄_ 2006년 4월 3일
초판 1쇄 발행_ 2006년 4월 11일

글쓴이_ 리사 프랭크포트, 패트릭 패닝
옮긴이_ 김인숙

펴낸곳_ 바이북스
펴낸이_ 윤옥초

주간_ 이혜경
책임편집_ 임종민
편집팀_ 정세희, 윤현주, 변효현, 장유정, 이태희
디자인팀장_ 최승협
책임디자인_ 이윤희
디자인1팀_ 김영미, 박은화, 김승이, 이봉희
디자인2팀_ 황성실, 김경란, 김세희, 최진영

등록_ 2005. 06. 30 | 105-90-92811호
ISBN_ 89-957444-5-6

서울시 마포구 동교동 203-9 4층
편집 02)333-0812 | 마케팅 02)333-9077 | 팩스 02)333-9960
이메일 postmaster@bybooks.co.kr
홈페이지 www.bybooks.co.kr

값 9,500원

바이북스는 책을 사랑하는 여러분 곁에 있습니다.
독자들이 반기는 벗 - 바이북스

단호하게 행복해지는 46가지 비밀!

속으로는 "아니요"라고 생각하면서도
겉으로는 "예"라고 말하는 모든 사람들을 위한 책
당신은 자신의 권리를 지키면서도
함께하고 싶은 사람이 될 수 있습니다.

contents

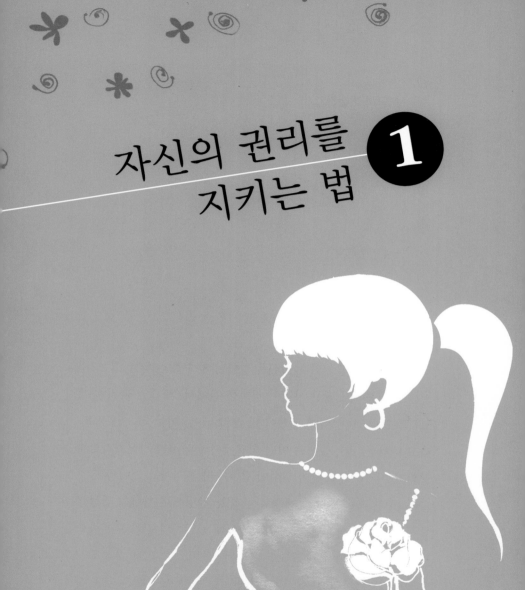

자신의 권리를 지키는 법 ①

01

적당히 거절하기

변명은 짧고 불분명하게 하라

당신은 얼마나 자주 이런 일을 겪는가?

별로 친하지도 않은 사람이 전화를 걸어서 "토요일에 뭐 하세요?"라고 물었다. 이때 당신이 별 생각 없이 "아무것도 안 해요"라고 대답한다면, 당신은 어떤 학교에서 벌어지는 자선바자회에 끌려가 미지근하고 맛이 달아난 음료수나 홀짝이고 있어야 할지도 모른다. 혹은 냉방도 제대로 안 되는 강당에서 자사의 건강식품은 다단계 상품이 아니라고 떠들어대는 남자의 갈라지는 목소리를 듣고 있어야 할지도 모른다.

적당히 거절하고자 할 때 명심해야 할 첫 번째 규칙은 여유 시간이 있다는 것을 상대방에게 절대 내비치지 말라는 것이다.

자, 큰 소리로 연습해보자.

"무슨 계획이 잡혀 있는지 모르겠어요. 일정을 확인해봐야죠."

누군가가 당신을 어떤 일에 초대하고 싶다는 뜻을 보이면 일단은 시간이 날지 잘 모르겠다고 대답한다. 그런 다음 무슨 일인지 듣고 나서 일정을 확인한 후 생각해보겠다고 말하는 것이다. 이런 식으로 하면 '자신이 진짜 가고 싶은지', 가고 싶지 않다면 '어떻게 둘러댈지' 생각할 시간을 가질 수 있다.

변명은 간단하게 해야 한다. 정기적인 통원 치료를 받고 있는 가족을 병원까지 태워줘야 한다는 등의 구차한 변명은 지어내지 말자. 어떤 경우에는 당신이 둘러댄 가짜 선약까지 지킬 수 있도록 세심하게 배려하는 사람도 있을 수 있기 때문이다. 즉 이런 식이다.

"괜찮아요, 그분도 함께 데려오세요. 그곳은 휠체어 통행로가 따로 있거든요. 오시면 목사님이 주관하시는 안수기도회에 참석할 수도 있을 거예요."

가장 훌륭한 변명은 짤막하면서도 불분명하게 하는 것이다. "미안해요. 다른 계획이 있어요"라든가 "그날 밤에는 도저히 갈 수 없어요" 혹은 "저한테는 별 도움이 안 되는 것 같네요" 등이다. 당신의 선약이 얼마나 중요하며 어떤 이유로 취소할 수 없는지 구구절절 설명하고자 하는 충동은 자제하자. 선약이 있다는 변명을 꼭 거짓말이라고 할 수는 없다. 아이스크림 한 통을 끌어 안고 종일 아파트에 틀어박혀서 자선바자회에 참석하지 않기로 한 자신의 탁월한 선택을 느긋하게 즐기는 것 자체가 당신이 말하는 선약일 수도 있기 때문이다.

가끔은 적당히 잘 거절했음에도 아주 영리한 훼방꾼을 피해갈 수 없을 때도 있다. 그런 사람은 마치 거미줄을 치듯 당신의 자유 시간을 끈적끈적하게 옭아매려 하면서 대놓고 와달라고 말한다.

"요즘 서로 얘기도 잘 못했잖아요. 저희 집에서 함께 저녁식사해요. 오시면 며칠 전에 받은 조카의 백일 사진도 보여드릴게요."

이런 때에도 절대 넘어가서는 안 된다. 너무 바빠서 날짜를 확인해볼 겨를도 없다고 하면서 이번에는 그냥 넘어가고 다음을 기약하는 것이 좋겠다고 말한다. 그쯤에서 멈추는 게 아니라, 지방 출장도 다녀와야 하니까 아예 한참 후에 만나는 것이 좋지 않겠냐고 한술 더 뜨는 것이다.

"이번 주는 정말 안 되겠네요. 다음 주는 더 바쁠 것 같고……. 아직 날짜는 못 정했지만 그 뒤에는 어머니도 만나러 가야 되거든요. 저도 정말 함께하는 시간을 갖고 싶지만 시간이 나면 그때 한번 찾아뵐게요."

여섯 개의 N이 들어가 있는 다음 대답 속에 어떤 뜻이 담겨 있는지 주목해보자.

"지금은 안 되고(Not Now), 다음에도 안 되지만(Not Next), 절대 안 되는 것은 아니다(Not Never)."

즉 이 대답에는 지금은 약속할 수 없고, 앞으로도 얼마간은 힘들겠지만, 한참 지난 뒤 언젠가는 상대방의 초대를 생각해보겠다는 뜻이 담겨 있다.

그럼 나중에라도 당신이 전화를 걸어야 할까? 상황에 따라 다르지만 반드시 그래야 할 의무는 없다. 기억하자. 상대방이 당신을 만나고 싶어하는 것이지 당신이 그 사람을 보고 싶어하는 것은 아니다. 꼭 만나야 될 것 같은 생각이 들면 만남을 빨리 끝낼 수 있는 장소와 시간을 택해라. 출장지로 떠나는 비행기를 타기 전, 공항에 있는 커피숍 같은 곳 말이다.

> **적당히 거절하기**
> · 내게 남는 시간이 있다는 걸 상대방이 눈치 못 채게 한다
> · 변명은 간단하게 한다
> · 짤막하면서도 불분명한 변명이 효과적이다

02

자신의 시간 확보하기

그들의 요구에 끌려 다니지 마라

당신은 다른 사람이 아무 때나 들를 수 있는 편의점 같은 존재가 아니다. 하루 24시간, 일주일 내내, 일 년 동안 꼬박 문을 열어둘 필요도, 단정한 유니폼에 명찰을 달고 언제든 손님에게 "무엇을 도와드릴까요?"라고 물을 것처럼 차렷 자세로 서 있을 필요도 없다.

당신에게는 일을 중단한 채 사람들의 요구에서 벗어나 휴식을 취할 권리가 있다. 아이들, 배우자, 부모님, 친구 등 어느 누구도 아무 때나 문을 열어달라거나, 파스를 붙여달라거나, 힘드니 위로해달라며 당신의 시간을 방해할 권리는 없다. 주차장에 차를 세우고 당신을 찾아갔는데 문이 닫혀 있다면 그들이 어떻게 할 것 같은가? 그 자리에 쓰러져서 죽기라도 할 것 같은가? 아니다. 그들은 다른 상점을 찾아가거나 다른 시간에 다시 올 것이다.

그럼에도 불구하고 당신은 이렇게 말할 것이다. "하지만 사람들은 절 의지하고 있어요." 물론 그럴 것이다. 그 사람들은 개에 붙은 진드기처럼 당신에게 꼭 들러붙어 있다. 그런 흡혈귀 같은 존재들을 가끔씩이라도 차단하지 않는다면, 언젠가는 그들이 당신의 피를 말려버릴지도 모른다. 그러면 어떻게 해야 할까? 그럴 때는 당신의 뜻을 분명히 밝히고 부탁을 들어주는 것은 나중으로 미뤄야 한다.

바로 다음과 같은 식이다.

솔직히 말한다

"지금 쉬고 있기 때문에 얘기를 나눌 수가 없어요."

미룬다

"지금은 얘기하기 힘들겠네요. 저녁 먹고 난 다음에 하죠."

표지판을 걸어둔다

"문이 닫혀 있을 때는 방해하지 마세요. 잠시 후 나갈 테니 그 때 얘기해요."

심각한 훼방꾼에게는 미리 통지해둔다

"아들아, 엄마는 널 무척 사랑한단다. 하지만 밤 10시 이후와 아침 9시 전에는 엄마를 찾지 않았으면 좋겠구나."

하고 싶지 않은 얘기는 미리 주의시킨다

"돈 빌려달라는 얘기, 보증 서달라는 얘기는 사절이에요."

아예 연락처를 알리지 않는다

각종 모임의 연락망에서 빠진다.

전기 기술자 랠프는 일이 끝난 밤 시간에 폐건전지를 이용하여 발명을 해보기로 계획했다. 하지만 매일 밤마다 동료나 가족, 친구들로부터 전화가 수도 없이 걸려와서 계속 방해를 받았다. 마침내 그는 자신의 시간을 지키기 위해 특별한 조치를 취할 필요가 있음을 깨달았다.

먼저 그는 사람들에게, 평일의 밤 시간 대신 근무 시간이나 주말에 자기를 찾아달라고 부탁했다. 그러나 그렇게 해도 상황은 만족할 만큼 나아지지 않았다. 결국 그는 사무실에 있는 전화를 치워버리고 자동응답기를 설치했다. 랠프는 전화벨 소리를 최대한 낮춤으로써 전화를 받고 싶은 유혹을 떨쳐냈고, 근무 시간에만 전화를 받았다.

당신이 24시간 손님의 요구를 받아주는 편의점 직원처럼 행동하지 않을 때, 사람들도 당신을 그렇게 대하지 않게 될 것이다. 그들은 당신을 의사나 디자이너, 건축가 같은 전문직 종사자처럼 여기게 될지도 모른다. 또 당신으로부터 받는 도움이나 함께하는 시간을 매우 귀중하게 여길 것이며, 당신을 아무 때나 마음대로 만날 수 없는 사람으로 생각하게 될 것이다. 당신과 이야기하고 싶을 때는 먼저 시간이 되는지를 확인하고 나중에라도 시간을 내줄 수 있는지 묻게 될 것이다.

이렇게 하면 당신은 마땅히 가져야 할 자신만의 휴식 시간을 갖게 되고, 휴식이 끝나면 유쾌하고 진심 어린 마음으로 남을 배려해줄 수 있을 것이다.

> **자신의 시간 확보하기**
> · 다른 사람의 부탁을 들어주는 만큼 나를 돌보는 시간을 갖는다
> · 사람들이 나를 늘 만날 수 있는 사람으로 여기게 하지 않는다

03 당연히 가져야 할 권리 찾기
당당히 거절도 하고 요구도 하라

켈리는 자신의 권리에 대한 생각이 전혀 없는 사람 같다. 그녀는 직장을 두 군데나 다니며 살림을 꾸리면서 남편을 먹여 살리고 있다. 켈리의 남편 조는 일할 생각은 않고 늘 집에서 빈둥거리며 뮤지션이 될 꿈만 꾸는 사람이다. 켈리는 자신도 남편처럼 뭔가를 누릴 권리가 있다고는 한 번도 생각해본 적이 없다. 비뚤어진 가족의 모습을 보며 자란 탓에 그녀의 인생관이 잘못된 믿음과 생각, 규칙들로 형성되어 있기 때문이다.

당신은 거울을 보며 자신의 모습이 이상하다고 생각한 적이 있는가?(탈의실에서 수영복을 입은 모습을 보라는 말이 아니다) 가끔 어떤 거울을 보면 자신의 모습이 틀어져 보이는 경우가 있다. 그럴 때 당신은 자기 모습이 정말 틀어졌다고 생각하기보다는 거울에 문제가 있다고 생각할 것이다.

집안의 규칙들 중에는 확실히 정해진 것도 있고("우리 집의 평화를 위해서 늘 네가 먼저 사과해라"), 은연중에 암시되는 것들도 있다("대학에 갈 생각은 하지도 마라. 네 오빠가 기분 나빠할 거다"). 이런 규칙들은 쾅 하고 닫힌 후 행동반경의 범위를 축소시켜버리는 문과도 같아 당신의 삶의 무대를 제한한다. 심지어 "너는 너무 이기적이야", "네가 그렇게 잘났니?", "넌 왜 그렇게 무신경하니?", "집 밖에서는 절대 네 문제를 떠들고 다녀서는 안 돼" 같은 말들을 듣기도 한다. 물론 이 밖에도 당신을 옭아매는 요구들은 셀 수 없이 많다.

이런 규칙들을 따르다 보면 당연히 우울해지고 자신이 하찮게 느껴지기 마련이다. 행여 거스르려고 하면 죄책감마저 든다. 결국 당신은 자신들의 목적을 위해서만 당신을 이용하려는 사람들 속에 갇히게 된다. 그 사람들이야 당연히 그렇게 되기를 바랄 것이다. 그러나 이제 당신은 그들을 뻥 걷어차버리고 구속에서 벗어나야 한다.

당신 역시 살아 숨쉬는 인간이기 때문에 누려야 할 권리가 당연히 있다. 우리에게 인간으로서의 권리가 있다니, 그게 정말일까? 정말이다. 대부분의 국가의 헌법에도 국민의 권리는 정확히 명시되어 있다. 특히 '생명과 자유, 행복을 추구할' 권리는 반드시 포함되어 있다.

그러나 자신에게 주어진 권리도 거저 갖게 되는 게 아니라 노력을 해야만 얻을 수 있다. 다음과 같은 방법을 한번 따라보자.

먼저 생활 속에서 현재 자신이 따르고 있는 규칙들에는 어떤 것들이 있는지 생각해본다. 분명한 것은 물론이고 감춰진 것까지 모두 말이다. 실제로 종이에 직접 목록을 작성해보면 이런 규칙들이 당신을 얼마나 소극적인 사람으로 만들며 부담스럽게 하는지 확연히 알게 될 것이다.

그렇다면 자신의 행복을 추구하고자 한다면 그 목록의 내용을 어떻게 바꿔야 할까? 어떻게 해야 할지 도통 모르겠다면 적어놓은 규칙들을 완전히 반대로 바꿔버린 후 어떤 뜻이 되는지 보자. 예를 들어 '필요한 것을 달라고 해서는 안 된다'라고 썼다면 '내게 필요한 것을 달라고 다른 사람에게 요구할 권리를 나는 가지고 있다'라고 바꾸는 것이다. 물론 그들 역시 당신의 요구를 거절할 권리가 있지만, 장담하건대 설사 당신의 요구가 거절당한다 할지라도 당신이 느끼는 기분만큼은 분명 달라질 것이다. 그리고 당신이 한 행동에 대해 스스로 놀라게 될 것이다.

자기 자신에게 이런 권리들을 한두 개만 부여해도 앞으로의 인생이 어떻게 달라질지 생각해보라.

당연히 가져야 할 권리 찾기

· 내가 누려야 할 당연한 권리가 무엇인지 정확히 인식한다

· 현재 내가 따르고 있는 규칙들이 어떤 게 있는지 목록을 작성
 한다

· 그런 규칙을 따르지 않음으로써 찾을 수 있는 내 권리를 찾는다

04 적절하게 거절하기
다양한 'No'를 구사하라

두 살 때 엄마를 향해 처음으로 "싫어!" 하고 당신의 주장을 내세웠을 때부터, 엄마를 포함한 사회 구성원들은 모두 당신의 독자적인 권리를 빼앗으려고 노력하는 것처럼 보인다. 거기에다가 지금 당신의 아이들은 너무 제멋대로인 데다 고집불통이어서 엄마 말은 들으려고도 하지 않는다. 또 주위에서는 당신이 더욱 친절하게 행동해야 자기들과 함께 어울릴 수 있다고 으름장을 놓는다.

자신의 두 살배기 시절을 떠올려보자. 바지가 흘러내리지 않도록 토실토실한 다리를 한껏 벌리고는 아랫입술을 쭉 내밀고 "싫어!"라고 외쳤던 짜릿했던 순간이 기억나는가? '일어나라',

'잘 시간이야', '밥 먹어라', '과자는 이제 그만', '옷 갈아입어라', '조용히 해라', '큰 소리로 말해라' 등 도무지 이해할 수 없던 어른들의 부당한 요구에 맞서서 말이다.

그런데 사실, 그때나 지금이나 당신에게 강요되는 요구사항들은 별반 달라진 것이 없다. 한 가지 크게 달라진 점이 있다면 이제 당신은 어른이 되었다는 것이다. 당신은 성인으로서 스스로 결정할 수 있는 권리를 갖게 되었다. 당신에게는 자유 시간을 어떻게 쓸 것인지, 누구를 사귈 것인지, 어디에 갈 것인지, 저녁으로 뭘 먹을 것인지, 또 언제 먹고 언제 잘 것인지를 결정할 수 있는 권리가 있다.

제빵사였던 그웬은 눈코 뜰 새 없이 바쁜 빵집에서 일했다. 빵집 주인은 너무나 인색한 사람이어서 바쁜 주말 아침에도 그웬을 도와줄 계산원을 구하지 않았다. 대신 밤새 빵을 구운 그웬에게 아침 8시부터 10시까지 계산대 일을 거들라고 지시했다. 그녀는 친절하고 좋은 사람이 되고 싶었기 때문에 그렇게 하겠다고 했지만, 추가 수당은커녕 고맙다는 말 한마디 듣지 못했다.

마침내 너무나 지친 그웬은 "이젠 더 이상 못하겠어요"라고 말해버렸다. 그 후 과연 그녀는 빵집에서 해고되었을까? 아니면 주인으로부터 미움을 받았을까? 둘 다 아니다. 주인은 그냥 어깨를 한번 으쓱하더니 다른 사람에게 계산대 일을 시켰고 결국에는 주말에 일할 사람도 따로 구했다.

싹싹한 성격 때문에 병이 날 때까지 참아서는 안 된다. 누군가 당신에게 무언가를 요구하면 그 즉시, 자신에게 아주 중요한 질문을 하나 던져야 한다.

'나는 정말 이 일이 하고 싶은 걸까?'

만약 'No'라는 답이 나오면, 사람들이 더 이상 당신을 방해하지 않도록 상황에 따라 적절하게 거절해야 한다.

간단하게	싫어요.
정중하게	고맙지만 사양하겠습니다.
유감스러워하며	죄송하지만 안 되겠네요.
반복해서	싫어요, 싫어요, 싫어요.
거칠게	아, 정말 싫다고요!
강하게	절대 안 됩니다.
애교 있게	싫어~용. 싫사와요.
실망한 듯이	저도 그랬으면 좋겠는데 도저히 시간이 없네요.
솔직하게	저, 정말 하고 싶지 않아요.
다른 사람을 핑계로	제 남자친구가 절 놔주지 않아서요.
일어나기 힘든 상황을 조건으로	온 세상이 다 얼어붙는다면
예언적으로	백만 년 내에는 아마 안 될걸요.

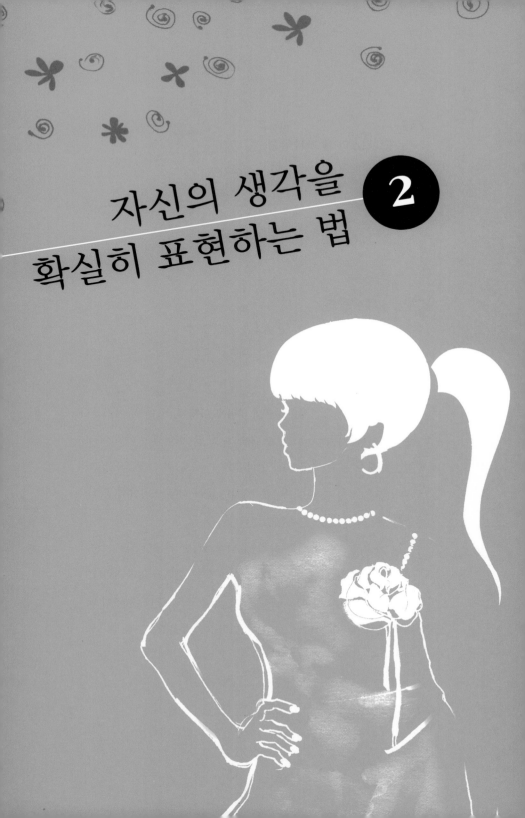

자신의 생각을
확실히 표현하는 법 **2**

05

골디락스의 세 가지 유형
자기 생각을 확실하게 표현하라

옛날 옛적에 아빠곰, 엄마곰, 아기곰, 이렇게 곰 세 마리가 살고 있었어요. 어느 날, 엄마곰이 아침 식사로 뜨거운 죽을 만들었어요. 엄마곰은 그 죽을 큰 그릇, 중간 그릇, 작은 그릇에 각각 담았어요. 하지만 죽이 너무 뜨거워서 곰 가족은 죽이 식을 동안 산책을 갔답니다.

곰 가족이 산책하러 간 사이, 골디락스라는 이름의 작은 소녀가 곰 가족의 집으로 찾아왔어요. 숲에 놀러 갔다가 길을 잃고는 그 집을 발견한 것이지요. 골디락스는 문을 두드렸지만 당연히 대답을 들을 수 없었어요. 그래서 골디락스는 문을 열고 집 안으로 들어갔어요.

골디락스는 식탁 위에 죽이 담긴 그릇 세 개가 있는 것을 보았어요. 너무 배가 고팠던 골디락스는 먼저 큰 그릇의 죽을 맛보았어요. "이 죽은 너무 뜨거워!" 다음으로 작은 그릇의 죽을 맛보았어요. "이 죽은 너무 차가워!" 마지막으로 중간 그릇의 죽을 맛보았어요. "이 죽이 딱 좋구나!" 골디락스는 중간 그릇의 죽을 다 먹어버렸답니다.

골디락스는 의자 세 개가 있는 것을 보았어요. 골디락스는 세 개의 의자에 차례차례 앉아보았어요. 어떤 의자는 너무 작았고 한 의자는 참 편안했어요. 그런데 제일 작은 의자는 골디락스가 앉는 바람에 부서지고 말았어요.

놀라고 지친 골디락스는 쉴 만한 곳이 없나 찾으며 위층으로 올라갔어요. 마침 그곳에는 침대 세 개가 놓여 있었어요. 골디락스는 맨 처음 제일 커다란 침대에 누웠어요. "이 침대는 너무 딱딱해!" 다음으로 가장 작은 침대에 누웠어요. "이 침대는 너무 부드러워!" 마지막으로 중간 크기의 침대에 누웠어요. "이 침대가 딱 좋아!" 골디락스는 그 침대에 누웠다가 곧 잠이 들었어요.……

이후에 전개될 내용은 짐작할 수 있을 것이라 여기고 골디락스 이야기(영국의 전래동화, 최초의 자기 주장 훈련서)는 이쯤에서 마치겠다. 이처럼 내용을 뻔히 알 수 있는 이 우화에는, 어떤 문제든 해결할 수 있는 적절한 방법은 반드시 있다는 것을 알려주려는 의도가 담겨 있다. 즉 상황에 '꼭 맞는' 자신만의 생각을 밝히라는 것이다.

소극적인 유형

골디락스 이야기에서 아기곰 유형에 해당되며, 차갑게 식은 죽과 작은 의자, 지나치게 푹신한 침대로 암시된다. 소극적인 사람은 자신이 원하는 것을 얻지 못하기 때문에 늘 불만에 차 있다. 대신 다른 사람이 원하는 것을 들어주느라 많은 시간을 소모하게 된다.

캐럴은 아기곰 유형이다. 그녀는 날마다 장사도 안 되는 고가구 가게에 앉아 집세가 오르지 않기를 바란다. 또 커다란 옷장을 이리저리 훑어보고 있는 저 모자 쓴 남자가 어서 그 옷장을 사주었으면, 빌이 데이트 신청을 해주었으면, 제발 차 브레이크가 말썽을 일으키지 않았으면 하고 늘 바라고만 있다. 그녀는 수줍음이 너무 많을 뿐만 아니라 집세를 올리겠다는 집주인에게 따지고 들 용기도, 모자 쓴 남자와 흥정할 용기도, 빌에게 먼저 데이트를 신청할 용기도, 차 수리를 맡겼던 카센터에 브레이크를 다시 손봐달라고 말할 용기도 없는 것이다. 하지만 사람들은 그녀에 대해 늘 좋은 사람이라는 인상을 갖고 있다.

공격적인 유형

아빠곰 유형으로서 뜨거운 죽, 커다란 의자, 딱딱한 침대로 나타난다. 공격적인 사람은 자신이 원하는 것을 달라고 사람들에게 억지를 쓰지만, 결국은 자신의 기대에 미치지 못하기 때문에 역시 불만스러울 수밖에 없다. 시끄럽게 떠들며 협박하는 듯한 태도는 당신이 지배하고자 하는 사람들을 당신에게서 멀어지게 만들 뿐이며, 사람들은 더 이상 당신의 말을 들으려 하지 않는다.

조시는 아빠곰 유형이다. 그는 늘 엄한 태도로 결혼생활을 꾸리고 상점을 운영했다. 플로리다의 친정엄마한테 가고 싶어하는 아내를 거의 협박하다시피 해서 자동차 경주 대회인 인디500을 보러 갔고, 아이들한테는 성적이 나쁘다고 고래고래 소리를 질러댔다. 또 종업원들에게는 수당도 주지 않으면서 시간외근무를 시켰으며, 상점을 찾은 손님들에게는 좋지도 않은 물건을 사라고 등을 떠밀었다. 요즘 조시 주위에서는 특별히 말조심을 해야 한다. 이혼 후 생활은 어떤지, 아이들 소식은 듣는지, 상점은 왜 문을 닫았는지 등에 관한 것은 절대 물어봐서는 안 된다.

자기 생각이 확실한 유형

엄마곰 유형이며 가장 바람직한 형태다. 자기 주장을 뚜렷이 밝히면, 자신의 생각을 분명히 표현할 수 있기 때문에 따뜻한 죽이 몸을 살찌우듯 정신을 살찌우게 만들 수 있다. 또 안락한 의자처럼 당신 자신을 지탱하면서도 원하는 것을 분명히 요구할 수 있는 용기를 주며, 너무 푹신하거나 딱딱하지 않은 탄탄한 침대처럼 당신에게 편히 쉴 수 있는 여유를 준다. 자기 생각이 확실한 유형의 사람은 다른 사람의 권리를 침해하지 않고서도 자신의 권리를 누릴 수 있는 방법을 알고 있기 때문이다.

릴리언은 엄마곰 유형이다. 그녀는 너무 소극적이거나 공격적이지 않은 자신만의 방법을 찾아내 그것을 분명하게 표현하는 데 타고난 재능이 있었다. 조경 전문가에게 추가 비용을 지불하지 않고서도 다시 와서 가지를 하나 더 치게 했으며, 남편을 화나게 하지 않고서도 부엌 식탁 위에 오토바이 부품을 올려두던 그의 버릇을 고칠 수 있었다. 유치원에 다니는 작은아들 제임스를 위해서는 젖당이 포함되지 않은 식단을 짜서 실행에 옮겼다. 또 큰아들 폴이 아빠의 자전거 뒷자리에서 떨어져 팔이 부러지는 사고가 났을 때는, 정신없는 응급실에서 의사와 풀이 죽은 남편과 잔소리가 심하신 부모님 모두가 히스테리를 부리며 소리를 지르거나 바닥에 털썩 주저앉는 일이 없도록 세심하게 신경을 썼다. 모든 사람이 릴리언을 좋아했으며, 늘 침착하고 약속을 잘 지키고 생활의 질서를 유지할 줄 아는 그녀를 신뢰했다.

자기 생각이 확실한 엄마곰 되기

· 내 주장과 내 생각을 부드러운 방법으로 확실하게 표현한다
· 내가 원하는 것을 분명히 요구한다

06

분명한 자기 주장을 위한 3가지 요소

생각 · 감정 · 바람을 모두 담아라

가이는 언제나 아무 거리낌 없이 자신의 생각과 바람을 표현하는 편이었다. 아들에게는 "나는 네가 좀 더 책임감이 강했으면 좋겠다"고 말했고, 함께 일하는 동료에게는 "그 지시는 정말 말도 안 된다고 생각해"라고 말하기도 했다. 또 여동생에게는 가끔 이렇게 말했다. "항상 네 위주로 생각하는 사고방식 좀 고칠 수 없겠니?"

리지는 자신이 감정을 분명히 파악할 줄 아는 사람이라고 믿었다. 날씨가 화창한 날이면 그녀는 늘 기분이 "좋거나", "괜찮거나", "유쾌하다"고 했고, 반면 날씨가 나쁠 때는 늘 "그리 좋지 못하다"고 했다.

이디나가 대학에 다닐 때, 그녀의 엄마는 늘 이렇게 묻곤 했다. "뭐 필요한 거 있니?" 이디나의 가족은 가난했기 때문에 그녀는 숨쉴 공기와 먹을 것과 쉴 곳만 있다면 그 이상은 아무것도 필요하지 않다고 생각했다.

가이는 아들과 동료, 여동생이 자기에게 화가 나 있으며, 가급적이면 자신과 마주하고 싶어하지 않는다는 것을 알아차렸다. 리지의 친구들은 더 이상 그녀에게 기분이 어떤지 묻지 않았다. 이디나는 구입한 지 7년 된 청바지가 못 입을 정도로 해진 것은 아니라고 생각하며 계속 입고 다녔다.

이 세 사람은 자기 생각을 표현하는 세 가지 요소, 즉 생각과 감정과 바람을 표현하는 데 문제가 있었다.

생각

우리의 마음속에는 늘 여러 가지 생각들이 나열되어 있지만, 그중 다른 사람에게 확실히 전달되는 것은 그리 많지 않다. 당신의 생각을 듣는 유일한 사람이 바로 당신 자신이라면 생각들을 뚜렷이 정리할 필요는 없다. 하지만 누군가가 당신의 말에 답을 하고 진지하게 생각해주기를 바란다면, 자신의 생각이 입을 통해 나오면서 어떤 식으로 전달될지 충분히 고려해야 한다.

가이의 경우에는 자신의 생각을 분명히 표현하면서도 상대방의 기분을 상하지 않게 하는 방법을 찾을 필요가 있다. 가령 이런 식이다. "강아지 먹으라고 네가 바깥에 놔둔 음식 때문에 강아지가 병에 걸릴 수도 있어."

감정

감정을 표현하면 자신의 생각에 색깔을 입히고 더욱 풍부하게 만들 수 있을 뿐만 아니라, 자신의 경험을 확실하게 설명할 수 있고 다른 사람과 함께 나눌 수도 있다.

리지가 자신의 기분을 나타내는 방식은 불분명한 베이지톤이다. 만약 자신의 기분을 분명히 말하는 데 어려움을 느낀다면 일단 쉬운 것부터 시작해 서서히 발전시켜나가면 된다. 처음에는 '화나다', '슬프다', '좋다' 등의 기본적인 표현에서 시작한 다음 조금씩 덧붙이는 연습을 하자. 사전을 꺼내 들고 '신경질이 난'이나 '흥분한' 등의 뜻을 가진 단어를 20개 정도 찾는다. 그렇게 하면서 자신의 기분에 꼭 맞는 단어를 찾는 것이다.

바람

이디나는 원하는 것과 필요한 것의 차이 때문에 혼란스러워하는 것일 수도 있다. 부유한 가정에서는 옷 사는 데 드는 비용을 꼭 지출해야 할 돈으로 생각하지만, 가난한 가정은 여분의 청바지 한 벌을 갖는 것도 사치라고 생각할 수 있기 때문이다. 어쩌면 원하는 것과 필요한 것을 꼭 흑백의 범주로 구분하려 하기보다는 하나의 연속체로 보는 것이 나을지도 모른다. 만약 생존에 꼭 필요하지도 않은 것을 가질 권리가 자신에게 있는지 어떤지 잘 모르겠다면, 1장의 '당연히 가져야 할 권리 찾기' 편을 다시 읽어보자. 그 다음에는 당신이 원하는 것을 큰 소리로 말하는 연습을 하자.

이 세 가지 요소를 모두 담아서 표현해보자.

"이번 주에 캠핑을 하는 건 좋은 생각 같지 않아(생각). 비가 많이 올까봐 정말 걱정되거든(감정). 나중으로 미루든지 아니면 다른 것을 했으면 좋겠어(바람)."

이렇게 자신의 생각과 감정, 바람을 함께 표현하면 그중 일부만 전달되었을 때 생길 수 있는 오해를 막을 수 있고, 상대방이 당신의 뜻을 더욱 확실히 이해할 수 있게 되어 진정한 의사소통이 이루어질 수 있다.

분명한 자기 주장을 위한 3가지 요소
- 생각 – 생각을 표현할 때는 상대의 기분을 상하지 않게 할 방법을 찾는다
- 감정 – 나의 기분을 분명히 말하는 법을 익힌다
- 바람 – 내가 원하고 있는 것이 무엇인지 살피고 가끔 큰 소리로 말하는 연습을 한다

07

자신만의 선언 하기

자기 주장이 담긴 목표를 정하라

당신은 새해를 맞아 무언가를 결심해 본 적이 있는가? 만약 그렇다면 그 결심들 중에서 3일 이상 실제로 지켜본 것은 있는가? 살을 빼서 아름다운 몸매를 갖겠다는 목표를 세우고 한 달 정도 열심히 달리기 운동을 했다고 하자. 그런데 어느새 6월이 눈앞에 다가와 있고 곧 어영부영 한 해가 다 지나버렸다. 이런 경험은 누구나 있을 것이다.

결심은 잘 지켜지지 않는 경향이 있다. 무언가 다른 것을 해보기로 결심만 하지 계획은 세우지 않기 때문이다. 결심이 출발지라면 목표는 도착지라고 할 수 있다. 뜻을 세우고 목적 달성이라는 결과를 얻으려면 탄탄한 실행 계획을 세워야 한다.

당신은 때때로 자기 주장이 확실한 인생을 살겠다고 결심할 것이다. 매우 바람직한 목표다. 매사에 자신 있게 행동하고 자기 생각을 뚜렷이 밝히는 것이 목표가 될 수도 있다. 이 역시 훌륭한 목표다. 그런데 이런 목표를 달성하기 위해서는 반드시 필요한 것이 있다. 바로 계획이다. 하지만 실천하지 못하는 계획은 없는 것이나 마찬가지다. 계획을 세워 지키려면 어느 정도의 노력이 필요하다.

계획을 지키기 위해서는 계획 세우기 단계에서부터 제대로 해야 한다. 계획은 중요한 것부터 먼저 세우는 것이 좋다. 당신은 자기 주장이 확실한 인생을 살겠다는 결심을 지키기 위해 어떤 계획을 세우고 싶은가? 계획은 구체적으로 자세하게 세워야 한다.

"나는 사무실에서, 남자친구와의 관계에서, 그리고 집에서도 내 생각을 확실히 표현하기로 결심했어. 좋아, 이제 끝."

이런 식으로 결심만 하고 끝내서는 안 된다.

자, 다시 해보자. 일단 특정 상황이나 사람과의 관계에서 자신의 생각을 확실히 밝혔는지를 파악할 수 있는 방법을 생각해보자. '잘못 구입한 상품에 대해서 내 생각을 확실히 밝힐 거야'라고 생각하기보다는, '그 털실을 가게에 가져가서 다른 색으로 바꿔줄 수 있는지 물어볼 거야'라고 결심하자. 또 '전화 통화는 내가 원하는 식대로 할 거야'라고 하지 말고, '밤 10시까지만 통화할 수 있다고 친구에게 미리 말할 거야. 그 이후에는 전화를 받지 않을 거야' 라고 결심한다.

그리고 목표는 반드시 지킬 수 있는 것이어야 한다. 목표가 너무 크거나 여러 부분으로 구성되어 있다면, 단계별로 작게 분류하자.

잠깐! 이번 전략의 제목이 무엇이었는지 기억하는가? 이야기가 다 끝나가는데 '선언'에 관해서는 한마디도 하지 않았다고? 좋은 지적이다. 그렇다면 선언이란 무엇일까?

그리고 제목으로 적혀 있는 '자기 주장이 담긴 목표를 정하라' 만으로는 충분하지 않다고 생각하는가? 분명 그렇다.

선언이란 결심과 비슷하지만 한 가지 다른 점이 있다. 바로 공공성이다. 선언은 자기 주장을 확실히 하겠다는 목표를 세우고, 그것을 잘해내고 싶다는 뜻을 주위에 알리는 것이다. 대중 앞에서 하는 연설처럼 만천하에 공개되는 것은 아니므로 너무 걱정할 것은 없다.

그렇다면 선언을 했을 때 좋은 점은 무엇일까? 공공연하게 선언을 하면 주어진 목표를 정직하게 수행하는 데 도움이 된다. 쉬운 것에서부터 어렵고 도전적인 것 순으로 목표를 상세히 적은 다음 사람들에게 그 내용을 알리도록 하자. 휴게실에 있을 때 내 주위에서 담배를 피지 말라고 그 당사자에게 말하겠다는 결심을 제삼의 동료에게 얘기하는 것처럼 아주 간단한 일일 수도 있다. 아니면 목표를 적은 종이를 복사해서 가족 중 한 명에게 주고, 잘 지키고 있는지 정기적으로 체크해달라고 부탁할 수도 있다. 또는 적은 내용을 집에 붙여두면 당신뿐 아니라 당신이 그 계획을 지키는 데 영향을 미칠 수 있는 가족도 내용을 볼 수 있어 좋다.

사람들은 누군가에 대한 책임을 느꼈을 때 목표를 더 잘 지키는 경향이 있다. 이렇게 하는 것을 어른으로서 해야 할 숙제라고 생각하자. 모두 당신의 목표가 아닌가! 그러므로 큰 소리로 자랑스럽게 한번 외쳐보자. 그런 다음 시작하자.

자신만의 선언 하기
· 먼저 나의 생각을 확실히 밝힌 적이 있는지부터 파악한다
· 목표는 반드시 지킬 수 있는 것으로 한다
· 쉬운 것부터 어려운 것 순으로 목표를 정한다
· 정한 바를 다른 사람에게 확실히 알린다

적극적으로 듣고 적극적으로 표현하는 법

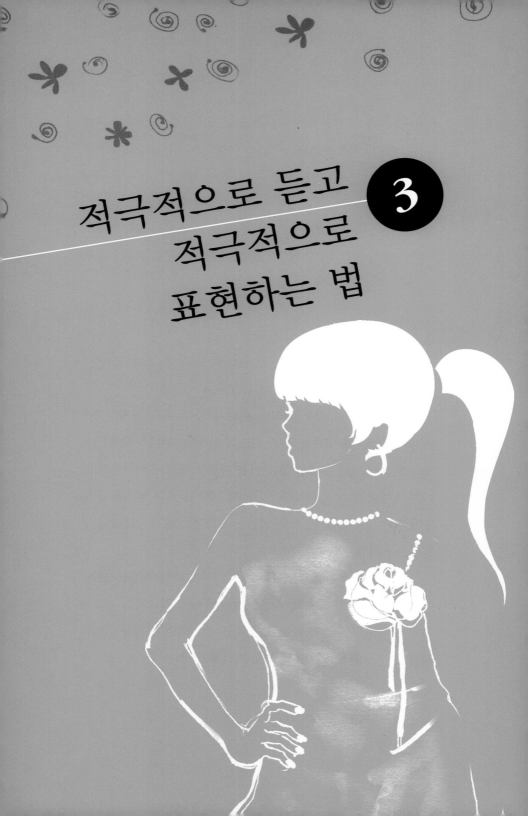

귀 기울이기
적극적인 자세로 들어라

우리는 화성과 금성 혹은 명왕성까지
들먹이며 남자와 여자를 구분 지으려 하지만, 남녀를 불문하고
모든 인간이 지닌 공통점 중 하나는 다른 사람에게 이해받고 싶
다는 소망이 무척 간절하다는 것이다. 여자들보다 남자들의 말
수가 훨씬 적다고 해도, 모든 인간은 기본적으로 자신의 말을 잘
들어주는 사람을 좋아한다.

그렇다면 어떻게 해야 남의 말을 적극적으로 들어주는 사람이
될 수 있을까? 어떻게 해야 듣는 입장에서도 적극적인 태도를
취할 수 있을까? 남의 말을 들을 때는 소극적인 자세를 취하는
것이 좋아 보일 수도 있지만 사실은 그렇지 않다.

마크의 친구 에이제이는 자신이 남의 말을 꽤 잘 들어주는 편이며, 마크가 무엇 때문에 힘들어하는지 완벽히 이해하고 있다고 생각한다. 그러나 마크의 생각은 전혀 다르다.

"만약 제가 '휴, 오늘은 회사 일이 정말 힘들었어. 글쎄, 힘들어 죽겠는데 사장이 나더러 야근을 하라는 거야'라고 말하면, 에이제이는 제 말 중간에 끼어들어서 '나도 알지! 우리 사장도 똑같아! 벌써 이번이 네 번째야⋯⋯' 어쩌고 하면서 자기 얘기만 떠들어대는 거예요. 그 친구는 우리가 둘 다 사장을 싫어한다고 해서 서로 마음이 통했다고 생각하나 봐요. 제 말은 전혀 듣지도 않으면서요. 그러다 보면 제 기분만 나빠져서 '도대체 내가 왜 걔한테 그런 말을 했을까?' 하고 후회하죠."

다음은 남의 말을 들을 때 적극적인 자세를 취할 수 있는 몇 가지 요령이다.

입보다는 귀를 사용하라

주의를 기울여 듣는다. 적극적으로 듣는 자세를 취하려면 잠시 입을 다물고 있어야 한다. 계속 말을 하면 자기 목소리만 들리는데 어떻게 상대방이 하는 말을 알아들을 수 있겠는가?

듣고 있다는 의사표시를 하라

듣는다는 것은 아무 말도 않고 가만히 있으면서 20까지 센 다음 자신의 말을 시작하는 것이 아니다. 너무나 완벽하게 침묵을 지키면 상대방은 '이 사람이 도대체 숨은 쉬고 있는 건가?' 하고 의아해할 수도 있다. 좀 우스워 보이더라도 중간중간에 "그렇지"라든가 "정말?" 같은 말을 해주면 상대방은 당신이 자신의 말에 귀를 기울이고 있다는 것을 알게 될 것이다.

상대방의 이야기에만 집중하라

당신은 상대방의 말을 제대로 듣고 있는가? 마지막으로 들었던 두 문장을 그대로 말하지 못한다면 당신은 상대방의 말을 제대로 듣지 않은 것이다. 당신의 머릿속이 너무 복잡해서일 수도 있다. 이야기를 들을 때 혼자서 판단하려 하거나, 상대의 마음을 꿰뚫어 보려 하거나, 쓸데없는 걱정 따위는 하지 말자. 그렇게 하는 것은 라디오 방송 두 개를 동시에 듣는 것과 같다.

이야기하는 의도를 생각해보라

상대방이 왜 당신에게 자기 이야기를 하는지 그 이유를 생각해보자. 그는 당신의 의견이나 동정을 바라는 것일까, 아니면 자신이 한 행동에 대해 화를 내기를 바라는 것일까? 그는 당신에게 이야기함으로써 위로나 안정을 얻고 싶은데, 당신은 그의 행동에 화를 참지 못하고 자신의 감정에만 얽매여 있으면 대화가 엉뚱한 방향으로 흘러버릴 수 있다.

대화를 나눌 때는 상대방의 입장에서 생각하려고 노력해보자. 그들이 당신에게서 무엇을 바라는지 정말 모르겠다면 그냥 솔직하게 물어보자.

이야기의 핵심을 파악하라

상대방의 말을 완전히 이해했는가? 들었던 말을 되풀이할 수 있는 사람은 많지만 그 말의 요점을 파악할 수 있는 사람은 드물다. 말을 다 듣고 나서도 아무런 결론이 생각나지 않는다면 조용히 물어보자. "이 일이 너한테 어떤 영향을 주는데?"

이야기의 결론을 끌어내라

가능하다면 상대방의 이야기를 듣고 결론을 도출해보자. 주의 깊게 들었다면, "그럼 그 친구는 분명 너를 보면서 자기 동생 생각을 하겠구나"라는 식의 이야기를 할 수 있을 것이다. 그럼으로써 당신이 충분히 알아듣고 있음을 상대방에게 보여줄 수 있다.

귀 기울이기
· 듣는 데만 집중한다
· 왜 이 이야기를 나에게 하는지 살핀다
· 이야기의 핵심을 파악하고 결론을 끌어낸다

몸으로 표현하기
시선과 자세로 자신감을 표현하라

가끔은 한마디도 하지 않아 남들로부터
오해를 받게 되는 때가 있다. 어느 날 오후, 여자 화장실에 있던
에마는 우연히 충격적인 이야기를 엿듣게 되었다. 사무실에서 아
르바이트로 일하는 앨리스와 케이트가 직원들에 관한 이야기를
하고 있었던 것이다. 에마는 자신이 '사람을 쳐다보지도 않고 전
혀 틈을 보이지 않을 뿐 아니라 사람들에게 할 말이 아무것도 없
을 것 같은 사람'이라고 언급되는 것을 들었다. 그녀들은 에마를
매우 거만한 사람이라고 여기는 것이 틀림없었다.

사실 에마는 지나칠 정도로 숫기가 없었다. 고등학교 때 다른
친구들로부터 괴롭힘을 당한 후 생긴 증상이었다. 에마는 자신

이 노력하는 사람이라고 생각했고 그래서 늘 책상에 고개를 박은 채 퇴근할 때까지 주어진 일에만 몰두했다. 그녀는 친구도 쉽게 사귀지 못했으며 어디에서건 늘 겉도는 경향이 있었다. 하지만 그런다고 해서 사람들을 싫어하거나 자신이 잘났다고 생각하는 것은 아니었다. 단지 사람들과 가까워지고 싶은 자신의 마음을 표현할 줄 몰랐던 것뿐이다.

에마와 같은 경우가 드문 것은 아니다. 수줍음을 많이 타는 사람들은 말을 잘 하지 않아 남들로부터 오해를 받는 경우가 많다. 이런 사람들은 얼굴에 표정도 거의 없고 제스처도 좀처럼 사용하지 않는다. 때로는 대화를 나누면서도 상대방과 거리를 두고 싶다는 듯 멀찌감치 떨어져 있기도 한다. 이런 태도는 사람들에게 이야기할 마음을 싹 가시게 만들며 종종 오해로 이어진다.

당신은 수줍음을 많이 타는 편인가? 만약 그렇다면 당신의 그런 성격을 완전히 개조하지 않고도 자기 주장을 확실히 표현하는 사람으로 탈바꿈할 수 있는 방법이 있다. 간단하지만 매우 효과적이다.

상대방과 계속해서 눈을 맞춘다

다른 사람의 눈을 똑바로 보는 것이 무례하다고 생각하는 사람에게는 무척 힘든 일일 수도 있다. 그러나 실제로는 당신이 상대방에게 관심을 기울이고 있음을 알릴 수 있는 가장 간단한 방법이다.

상대방과 적당한 거리를 유지한다

어느 정도의 거리가 적당한지 잘 모르겠다면, 상대방의 행동을 눈여겨보자. 숫기가 부족한 사람들은 다른 사람들의 말이 들릴락 말락 한 바로 그 지점에 자리를 잡는 경우가 많다. 문제는, 계속해서 말을 알아듣지 못할 경우 당신은 다른 사람과 가까워질 수 있는 기회를 놓치게 된다는 것이다.

한편 당신이 멀찍이 서 있다는 것을 눈치챈 사람들은 당신이 모임에 속할 마음이 없거나, 모임에 속하지도 않았으면서 남의 말을 엿들으려는 사람이라고 생각할 수도 있다. 그러므로 대화할 때 상대방과 너무 거리를 두는 것은 바람직하지 않다.

당당한 자세로 이야기한다

자세에 대해 엄마가 늘 이런 말씀을 하지 않았던가?

"똑바로 서서 어깨를 활짝 펴자." 이런 자세는 상대방에게 자신감 넘치고 호의적인 태도로 비친다. 어깨를 웅크린 채 계속 발을 움직이며 바닥만 응시하면 바닥에 떨어져 있는 동전은 찾을 수 있겠지만 정서적인 면에서는 별로 좋지 않다.

자세를 바꾸는 것만으로도 자신감을 갖는 데 큰 도움이 될 것이다.

계속 듣고 있다는 것을 알린다

할 말이 없어 말문이 막혔을 때도, 갖가지 표정을 통해서 여전히 잘 듣고 있다는 것을 상대방에게 보여줄 수 있다. 간간이 미소를 짓거나, 대답으로 고개를 끄덕이거나, 눈동자를 굴리거나, 웃음을 터뜨리면 당신은 여전히 대화에 속할 수 있으며 상대방이 말도 안 되는 억측을 하는 것도 막을 수 있다.

이렇게 간단한 네 가지 방법을 사용함으로써 이제 당신은 입을 열지 않고서도 자신감 넘치는 사람이 될 수 있을 것이다!

몸으로 표현하기
· 상대의 눈을 똑바로 본다
· 상대방과 적당한 거리를 유지한다
· 어깨를 활짝 펴고 당당한 자세로 말한다
· 표정이나 제스처로 계속 듣고 있음을 알린다

10

효율적인 대화하기

상대방이 용건을
정확히 말하게 하라

한 회사의 지점장을 맡고 있는 랜스는
직원들을 정말 좋아하는 사람이었다. 그러나 그에게도 골칫거리
가 하나 있었다. 그는 늘 눈코 뜰 새 없이 바빴는데, 직원들에게
요점만 말하도록 하기가 흩어진 양 떼를 한곳에 모으는 것만큼
이나 힘들었던 것이다. 처음에 그는 자기가 아니라 직원들한테
문제가 있다고 생각했다.

"말을 얼마나 길게 하는지 음성메시지가 끊길 정도라니까요.
제발, 두서없이 떠들어대지 않았으면 좋겠어요. 회의 중에도 가
끔 엉뚱한 이야기들을 하기 시작하는데, 그럴 때는 꼭 제가 자동
차 창문에 매달려 있는 장식품이 된 것 같아요. 왜 있잖아요, 빙

그레 웃으며 계속 고개만 끄덕이는 강아지 인형 말이에요. 하지만 속으로는 이렇게 생각하죠. '어이구, 정작 해야 할 말은 아직 반도 더 남았는데……' 치과 의사는 저더러 하도 이를 갈아서 치아에 금이 다 갔대요."

그러나 랜스는 곧 얼마간의 노력으로 자신과 직원들 사이에 오가던 대화 습성을 고칠 수 있었다.

무엇이 문제인지 곰곰이 생각해보자

사람들이 자신이 원하는 것을 분명히 알고는 있지만 한 번만 언급해도 될 사항을 세 번은 거듭해서 말해야 더 효과적이라고 생각하는 것 같은가? 아니면 그들 자신이 무엇을 원하는지조차 모르는 것 같은가? 상대방이 논점에서 벗어나 아무 관계도 없는 이야기들을 오가며 주절주절 떠들어대는가? 일 이야기를 하다가 갑자기 어젯밤에 본 야구 이야기를 끄집어내는 식으로 말이다. 상대방과의 대화에서 시간이 낭비되는 정확한 원인을 먼저 짚어보자.

자기 생각을 분명하게 전달하자

만약 당신이 애매하고 불분명하고 산만한 모습을 보이면, 상대방 역시 그래도 좋다는 허락을 받은 것처럼 생각할 수 있다. 대화할 때는 늘 일관성 있고 분명하게 당신의 생각을 표현하자.

상대방을 부추기지 말자

당신이 먼저 다른 관점의 이야기를 꺼냄으로써 상대방의 이야기가 길어지도록 조장해서는 안 된다. 상대방과 정말 폭넓은 이야기를 나누고 싶다면 그의 생각이 무엇인지 솔직히 물어보고 더 많은 의견을 말해달라고 부탁한다. 요점만 말해주기를 바란다면 "예", "아니요"로 대답할 수 있는 질문을 한다. 자신이 "아하", "으음", "와", "정말?" 이런 말들을 하면서 상대방을 부추기는 경향은 없는지 잘 생각해보자.

대화를 적절하게 제한하자

대화에 문제가 있다고 느껴지는 사람일 경우 대화를 멈추게 해서 당신이 도와주려 한다는 것을 알리도록 하자. 시간은 누구에게나 소중하며 효율적으로 사용해야 하는 것이기 때문이다. 그러나 사람들의 말을 무턱대고 막아서 중요한 말조차도 할 수 없게 만들어서는 안 된다. "잠시 멈춰주시겠어요? 제가 올바로 알아들었는지 확인 좀 하려고요"라고 하거나, "제가 (당신의 부탁, 요구 사항, 전화한 용건 등을) 제대로 알아들었는지 알고 싶군요"라고 말하는 연습을 해보자.

대화를 제한하는 이유를 말해주자

당신이 대화를 제한한 이유와, 그렇게 하는 것이 왜 상대방에게도 도움이 되는지 넌지시 알려주자. 상대방의 설명을 들어야 할 필요가 있거나 대화가 주제에서 벗어났다고 말할 용기가 있다면 중간에 그의 말을 끊어도 괜찮다.

"잠깐만요. 방해해서 죄송한데요, 제 차 뒤에 큰 트럭이 따라오면서 시끄럽게 하는 바람에 잘 못 들은 것 같아요. 필요한 게 무엇인지 다시 한 번 정확히 말씀해주시면 이 길을 벗어나는 대로 다시 연락드리겠습니다."

랜스는 부서질 만큼 이를 갈아대는 대신 전략적으로 대화에 임하기 시작했다. 그는 상대방의 요구를 분명히 파악하기 위해 상대의 말을 멈추게 한 다음 자신이 이해한 내용을 말하고 나서 "제가 제대로 알아들었나요?"라는 말로 끝을 맺었다. 그리고 상대방의 요구에 어떻게 임할 것인지 자신의 뜻을 전한 다음 "좋아요!"라고 말하며 해당 주제에 관한 대화를 종결시켰다. 사실은 그렇게 함으로써 하나씩 차근차근 용건을 끝마칠 수 있었기 때문에 다른 사람들도 만족스러운 결과를 얻을 수 있었다. 그는 이후로도 계속 직원들과 좋은 관계를 유지했으며 자신의 정신 건강도 챙길 수 있었다. 치과 치료비도 줄었음은 물론이다.

시간은 한번 가면 다시는 오지 않는 소중한 자원이다. 자신의 시간을 보호하고 싶다면 이런 노력을 해보자.

효율적인 대화하기

· 상대방의 말이 많아질 경우, 무엇이 문제인지 생각해본다

· 내 생각을 분명하게 전달한다

· 상대방이 말을 덧붙이도록 부추기지 않는다

· 대화를 적절하게 제한하고, 상대에게 그 이유를 말해준다

11

'나는' 화법 사용하기

'나' 라는 말로 자신을 표현하라

"나는, 나는, 나는"이라고 외치는 것 말
고도 자기 생각을 확실히 표현할 수 있는 방법은 많다. 그러나
자기 주장 훈련을 이제 막 시작했다면 그렇게라도 하는 것도 좋
다. 사실 대화는 '나' 라는 말로 시작하는 것이 맞을 뿐만 아니라
'나' 로 시작하는 문장이야말로 자기 표현법의 핵심이라고 할 수
있다.

'나는' 화법, 또는 '내가' 화법이란 '나' 로 시작하는 문장에 자
신의 바람과 감정, 의견을 담아 짤막하면서도 솔직하게 표현하는
방법이다. '나' 라는 단어를 사용하면 감정이나 의견, 요구 등에
자기 스스로 책임을 지며 다른 사람에게 떠넘기지 않게 된다.

또 자신의 경험을 토대로 이야기하며 남의 탓을 하지 않게 되고, 다른 사람들의 동기도 생각해보게 된다. 또 말하면서 그들의 이름을 불러줄 수도 있다.

사람이나 장소, 사물 등 실재하는 모든 것에 귀찮게 붙어 있는 것이 바로 대명사라는 것이다. 겁쟁이처럼 3인칭 대명사를 이용하거나 간접적인 호칭으로 불러 '사람이란', '그들은', '그 애는', '그 친구는', '그것은' 등으로 말하는 것은 자신의 의견에 대한 책임을 회피하는 방법일 뿐이다.

나쁜 표현

"사람은 늘 믿던 사람도 조심해야 한대."

"사람들이 그러는데 캐딜락이 정말 좋은 차래."

"보스턴까지는 정말 먼 거리야."

좋은 표현

"나는 네 형을 믿지 않아."

"나는 정말 캐딜락이 갖고 싶어."

"나는 보스턴까지 먼 길을 운전하기는 싫어."

반면, 어떤 사람들은 곤봉으로 사람을 후려치기라도 할 듯한 기세로 '너'라는 2인칭 대명사를 남발한다. 특히 '너'로 시작하는 문장 속에 상대에 대한 단정적 표현까지 들어간다면, 그 말로 의가 상할 수도 있다. 이런 경우엔, 상대방에게 구체적인 사실을 말해주면서 '나는' 화법으로 전환한다.

나쁜 표현

"너는 무책임하고 게으르고 게임밖에 몰라."

"너 때문에 기분이 무척 상했어."

좋은 표현

"이번 달에 네가 내기로 한 집세를 내지 않았다는 연락을 받고 내가 얼마나 놀란 줄 아니? 그리고 나는 네가 게임 좀 그만 하고 집안일을 도와줬으면 좋겠어."

"날 못 믿을 사람이라고 말했을 때 정말 난 모욕감을 느꼈어."

자신이 잘못한 경우, 에둘러 말하지 않고 '나는' 화법을 통해 직접적으로 인정한다.

나쁜 표현

"실수가 있었던 것 같아."

"편지가 늦게 갔나 봐."

좋은 표현

"내가 실수를 했다."

"내가 편지를 늦게 부쳤어."

마지막으로, 문장을 '나는' 화법으로 위조하지 말자. 이런 문장은 얼핏 보기에는 '나'로 시작하지만 사실은 '너'로 시작하는 공격적인 의미가 담겨 있다.

나쁜 표현

"나는 네가 너무 잘난 체하는 것 같아."

좋은 표현

"설거지할 때 네가 이래라저래라 해서 나는 정말 화가 나."

다른 대명사 대신 '나'라는 말로 자신을 표현한다면 당신은 자기 생각이 확실한 유형에 한 걸음 더 다가서게 될 것이다.

'나는' 화법 사용하기
· '나는', '내가'와 같이 '나'로 시작하는 문장으로 나를 표현한다
· 3인칭 대명사와 같은 간접적인 지칭을 쓰지 않는다
· '너'라는 2인칭 대명사를 남발하지 않는다
· 나의 잘못은 '나는' 화법으로 떳떳하게 인정한다

12

드라마틱한 상황에 대비하기

할 말을 미리 연습하라

1950대 즈음해서 태어난 여성들은 페미니즘을 생각하는 대신 〈오늘의 여왕〉이라는 TV쇼를 보며 살았다. 〈오늘의 여왕〉은 가족들이 헌신적인 아내나 어머니들을 추천하면, 그들이 수십 년 동안 해온 가사 노동의 대가를 뒤늦게나마 인정해주는 프로그램이었다. 추천된 여성은 비행기를 타고 할리우드로 날아가 새 옷과 헤어스타일로 치장을 한 뒤 TV스튜디오를 구경하게 되는데, 이곳에서 그녀는 몰려든 카메라들을 보고 깜짝 놀라면서 '오늘의 여왕'으로 선정되는 것이다.

그날 선정된 여성은 많은 관심과 함께, 밍크숄이나 자동차, 여행티켓, 가전제품 등 쇼에서 제공하는 많은 선물들을 받았다. 이

때 여왕이 자기도 모르게 눈물을 흘리며 웃음을 터뜨리는 아름다운 모습을 연출하면 그 쇼는 성공했다는 평가를 받았다.

사실 이 쇼에 선정된 여왕들은 몇 주 동안 울고 웃기를 동시에 하는 표정 연습을 했으며, 그 모습이 자연스럽고 설득력 있게 비치기 위해 노력했다고 한다.

이렇게 향수 어린 옛 TV프로그램까지 들추는 것은, 좋은 드라마는 모두 리허설을 필요로 한다는 것을 말하고 싶어서다. 요즘 TV에서 방송되는 리얼리티 프로그램에 어느 정도의 사실성이 담겨 있을 것 같은가? 당신은 지금 뭔가 중요한 것을 잃거나 얻게 될, 드라마틱한 상황에 직면해 있는가? 자유, 새 집, 새 차, 좋은 직장 등 뭔가 큼지막한 것에 대해서 말이다. 만약 그렇다면 당신도 '예행연습'을 해야 한다.

사람들은 실제로 말하기 전에 할 말을 속으로 미리 연습한다. 그러나 여기서 하고 싶은 말은 그보다 훨씬 더 역동적이고 강력하다. 즉 집주인이 집세를 올릴 것에 대비해 새 방충망을 달아달라고 하거나, TV드라마에서 본 것처럼 아예 솔로인 집주인에게 소개팅을 주선하는 것처럼 말이다.

다음은 할 말을 미리 연습하는 방법이다.

- 하고 싶은 말을 대화 형식으로 쓴다. 이때 상대방이 할 것으로 예상되는 말도 포함시킨다.

- 모든 질문과 반대 의견에 대비해 완벽한 답변을 준비해둔다.
- 적은 내용을 들고 거울 앞에서 말하는 연습을 한다. 사실 이 부분이 제일 중요하다!
- 완벽하고 자연스럽고 편안하게 말할 수 있을 때까지 계속 연습한다.
- 연습한 것을 실행할 시간과 장소를 정하는 등 구체적으로 쇼를 계획한다.
- 가능하다면 '지원군'들을 모집해 당신 옆에 있게 한다.
- 예정한 제시간에 정확히 나타나 쇼를 진행한다.

앰버는 여자들만의 애틀랜틱시티 여행에 사촌과 함께 가고 싶다고 말하면 남편 제이크가 불같이 화를 낼 것이라는 사실을 알고 있었다. 그래서 그녀는 생각한 끝에 하고 싶은 말을 글로 쓰기로 하고, '나는' 화법을 활용해 자신의 생각과 기분, 바람을 분명히 구분해서 적었다. 그녀는 따분하다거나 인색하다거나 질투가 심하다는 식의, 제이크를 비난하는 투가 드러나지 않도록 신중에 신중을 기했다. 사실 남편은 그 세 가지가 모두 해당되는 남자였지만 말이다. 앰버는 남편이 따분하고 인색하고 질투 섞인 온갖 반대 의견을 내놓을 것에 대비해 미리 할 말을 준비해놓았다.

그리고 마치 자신이 메릴 스트립이나 조디 포스터라도 된 양

거울 앞에서 연기 연습을 했다. 그런 후 제이크의 기분이 좋을 시간인 토요일 오후에 사촌 졸리를 집으로 불러서 함께 준비된 연기를 했다. 결국 제이크는 앰버의 연기에 자기도 모르게 눈물과 웃음을 동시에 터뜨렸고, 목멘 소리로 "잘 다녀와"라는 말 외에는 어떤 말도 하지 못했다.

13

자기 중심 잡기

자신만의 슬로건을 만들어라

생활용품업체 피앤지의 '샤민' 화장지 담당 부서는 "당신과 아기가 더욱 쉽게 배변 연습을 할 수 있도록!"이라는 모토 아래 사업에 임하고 있으며, 제과업체인 호스티스는 자사의 크림과자 플래닛 트윈키를 소개하는 홈페이지에서 "가족 모두에게 알맞은 영양을 제공하겠다"고 선언하고 있다.

요즘 같은 기업 시대에는 그들의 의도가 아무리 흉악하거나 노골적이거나 하찮은 것이라도, 별 볼일 없는 기업들까지 모두 슬로건을 필수로 채택하고 있다. 이들은 특별한 표어나 운율감이 느껴지는 어구, 반복되는 후렴구, 브랜드 네임 그리고 소비자들의 관심을 붙들어두기 위한 온갖 광고 수단을 다 동원한다.

광고의 소음이 홍수를 이루는 이 세상에서 자신을 온전히 지켜내려면 자기만의 개인적인 모토가 있어야 한다. 이런 모토들은 자신이 생각해야 할 주제에 몰입할 수 있도록 도와주고, 방황할 때는 올바른 길로 인도해주는 역할을 한다. 또 사회나 가족이 자신에게 가하는 부정적인 평가들과, 스스로의 의심에서 비롯되는 위협들로부터 자신을 지킬 수 있는 힘을 줄 뿐만 아니라 본인의 가치를 명백하게 인식할 수 있도록 돕기도 한다. 또한 너무 소극적이거나 지나치게 공격적인 성향을 줄이고 자기 생각을 분명히 표현하는 사람이 되기 위해 해야 할 일들을 가르쳐주기도 한다.

짧고 간단한 긍정적 표현으로 자신의 슬로건을 만들어보자.

- 나에게는 가끔 내 자신을 최우선시할 권리가 있다.
- 내 실수는 내가 용서할 수 있다.
- 내 감정은 합당한 것이며 내가 직접 결정한다.
- 나는 내 의견을 표현할 권리가 있다.
- 필요하다면 나의 생각을 바꿀 수도 있다.
- 필요하다면 다른 사람에게 도움을 청해도 괜찮다.
- 싫은 것은 내가 직접 바꿀 수 있다.
- 모든 사람의 충고를 다 받아들일 필요는 없다.
- 나에게는 "아니요"라고 말할 권리가 있다.

나만의 슬로건

- 내 시간은 나의 것이다.
- 나는 나 자신의 문제만 책임진다.
- 힘들거나 불행할 때는 그렇다고 솔직히 말한다.

당신이 이루고자 하는 변화가 전부 포함된 슬로건을 두세 개 정도 만들어보자. 그리고 포스트잇에 적어서 화장실 거울이나 화장지 위쪽, 컴퓨터 모니터, 찬장 속 좋아하는 과자 옆, 지갑이나 가방 등 눈에 잘 띄는 곳에 붙여둔다. 그리고 잠자리에 들기 전이나 아침에 눈을 떴을 때 자신의 슬로건을 소리 내어 말해보자. 마음속에서 떠오르는 부정적인 생각들을 없애는 데도 슬로건을 이용하자. 당신을 비난하거나 속이려고 하는 사람에게는 자신의 슬로건을 직접 말해도 좋다. 예를 들면, 사장에게 이렇게 말하는 것이다.

"제 시간은 제 것입니다. 저에게는 초과 근무를 할 수 없는 상황이라면 '안 된다'고 말할 권리가 있습니다."

또 아버지가 당신에게 언제나 명랑하게 지내야 한다고 말한다면, "제 감정에 충실하고 싶어요. 제 기분을 결정하는 사람은 아버지가 아니라 바로 저라고요"라고 말하는 것이다.

딱히 할 말이 생각나지 않을 때는 이렇게 한번 말해보자. "당신과 아이가 배변 훈련을 더 쉽게 할 수 있는 방법을 생각 중이에요." 그러면 상대방이 무슨 소린지 몰라 할 말을 잃고 어리둥절해할 테고, 그 사이에 생각을 다시 정리하거나 빠져나갈 궁리를 하는 것이다.

자기 중심 잡기
· 나만의 슬로건을 만든다
· 짧으면서도 긍정적인 내용이 담긴 것으로 한다
· 언제, 어디서나 보고 말할 수 있도록 여러 곳에 붙여둔다
· 때로는 나의 슬로건을 대화 상대에게 말한다

14

자기 자신과 먼저 대화하기
모노드라마의 주인공이 되어보라

　　　　　　　다른 사람이 말을 못하도록 입막음을
해버리는 것이 자신을 지키는 가장 좋은 방법이라고 생각한 적
이 있는가? 상대방에게 재갈을 물려놓고 말을 못하게 만들어놓
은 다음 하고 싶었던 말들을 마음껏 퍼붓는 상상을 해본 적이 있
는가?

　아니면 '내가 누구한테 떠들고 있는 거지?', '나도 내가 무슨
말을 하는지 모르겠네' 라는 생각이 들었던 적은 없는가?

　'빈 의자' 훈련은 자신이 하고 싶은 말을 분명히 파악한 후,
혼자서 자기 생각을 표현해보는 연습이다. 이 훈련을 하면 자신
이 처리해야 할 상황이나 특정인에 대응하는 방법에 대해 본인

의 생각과 감정을 명확히 정리하는 데 도움이 된다. 그 사람이 당신 앞에 앉아 있다고 상상하면서 마치 그에게 말하듯 연습을 하는 것이다.

메리앤은 오랜 친구인 애니타에게 단단히 화가 나 있었다. 파티에서 애니타가 메리앤의 남자친구 믹과 어울려 즐겁게 웃고 떠들어댔던 것이다. 메리앤은 자기가 왜 그렇게 화가 났는지 제대로 말하지도 못하고 계속 애니타를 노려보기만 했다. 메리앤의 행동을 이해하지 못한 애니타는 불쾌해하며 퉁명스런 반응을 보였다. 그래서 두 사람은 말조차 하지 않게 되었다.

빈 의자 훈련을 시작한 메리앤은 처음에는 무척 어색하고 창피한 기분도 들었지만 이 문제를 반드시 해결해야겠다고 마음먹었다. 그녀는 빈 의자를 앞에 놓고 혼자 말하던 중에 자신이 애니타가 믹을 유혹한다고 생각한 것이 아니었음을 깨달았다. 사실은 애니타가 자기보다 믹을 친구로서 더 좋아한다고 여겼던 것이다. 그래서 질투가 났던 것이지, 다른 것 때문이 아니었다. 빈 의자에 대고 이야기를 하던 메리앤은 머릿속이 점차 맑아지는 것을 느꼈고, 마침내 예전의 감정으로 돌아갈 수 있었다.

메리앤은 애니타에게 먼저 다가가 자신이 무시당하는 것 같았으며 다른 때처럼 자기와 재미있게 놀아주지 않아서 기분이 상했었다고 분명히 말했다. 이 말에 애니타는 몹시 놀라서 어찌할 바를 몰랐다. 이 후 두 사람은 앞으로 더 많은 시간을 보내기

로 약속했고 소원해졌던 우정도 회복시킬 수 있었다.

다음은 빈 의자 훈련 방법이다. 이 연습은 아무런 방해도 받지 않을 시간에 해야 한다.

- 의자 두 개를 마주 보게 배치한다. 한쪽 의자에 앉는다. 다른 쪽 의자는 당신과 문제가 발생한 사람의 자리다.
- 눈을 감고 문제가 됐던 상황을 최대한 선명하게 떠올린다.
- 무엇이 문제였는지 그리고 그때 어떤 기분이 들었었는지 명확히 정리한다.
- 빈 의자에 그 사람이 앉아 있다고 생각하며 그때의 상황과 당신이 느꼈던 기분을 차분히 설명한다. 이 연습의 좋은 점은 하고 싶은 말을 충분히 정리할 시간이 있다는 것이다.
- 상대방에게 당신이 원하는 것을 말한다. 당신은 공격이나 보복당할 두려움 없이, 소극적인 유형과 공격적인 유형 사이에서 여러 가지 반응을 보여도 된다. 이 훈련은 감추었던 감정을 표출시키거나 참고 있던 화를 해소하거나 속마음을 마음껏 드러낼 수 있어서 좋다. 잡지 같은 것을 집어던져도 된다.
- 이렇게 여러 가지 방법으로 하고 싶은 말을 하다 보면 어떤 것이 가장 좋을지 결정할 수 있다. 좀더 높은 난이도로 연습하고 싶다면 다른 쪽 의자에 앉아 상대방이 나타낼 반응

을 상상한다. 그렇게 두 사람이 나눌 법한 대화를 연습하면 더욱 깊게 생각할 수 있을 것이다.

어떤 사람에게 진짜 하고 싶은 말이 있다면 혼자 이렇게 연습한 뒤에 그 사람을 만나도록 하자.

자기 자신과 먼저 대화하기
· 다른 사람과 문제가 있을 경우, 먼저 내 자신과 대화해본다
· 문제가 무엇이었고, 그 당시 어떤 기분이었는지 정리한다
· 상대와 마주하고 있다는 가정하에, 하고 싶은 말을 한다
· 여러 방식으로 말을 해보고, 그중 최선의 것을 고른다

15

전략적으로 진실해지기
안부 인사에 솔직하게 답하라

당신은 "어떻게 지내세요?"라는 인사
를 받았을 때, "잘 지냅니다"라고 대답한 적이 몇 번이나 되는
가? 이런 형식적인 인사에서 느껴지는 진부함과 위선이 너무너
무 싫은가? 만약 그렇다면 터놓고 솔직해지자. 그리고 자신의
안부를 솔직히 말함으로써 얻을 수 있는 작은 기쁨을 만끽하자.

형식적인 물음이라고 해도 있는 그대로 솔직하게 대답하면 슬
픈 일에서부터 재미있는 일에 이르기까지 대화의 주제를 광범위
하게 넓힐 수 있다. 누가 안부를 물었을 때 다음과 같이 대답한
다면 따분한 일상이 얼마나 흥미로워질지 상상해보라.

"어떻게 지내세요?"

인간관계에 관한 대답

"죽고 싶을 지경이에요. 애인이 절 속이고 딴 여자를 만나고 있었대요."

"세상이 너무 삭막해. 절 사랑해주는 사람은 아무도 없어요."

"너무 외로워요. 제 친구가 돼주지 않을래요?"

정신의학적인 대답

"진짜 힘들어요. 1987년 이후 전 계속 우울했답니다."

"제가 가진 다중인격 중에 어떤 성격으로 대답해드릴까요?"

"괜찮아요. 살인하고 싶은 욕망만 치솟지 않는다면 말이에요."

의학적인 대답

"종합검진 결과를 듣고부터는 별로 좋지 못해요."

"치밀어오르는 듯한 구토를 아직도 계속하고 있어요."

"지난번에 간 병원 이야기 좀 해야겠어요. 편히 앉아보세요."

철학적인 대답

"매일, 모든 면에서 조금씩 나아지고 있어요."

"세상의 부조리를 즐기고 있답니다."
"보시는 그대로예요."

약물과 관련된 대답

"요즘 먹는 약이 효과가 있는지 좀 진정됐어요."
"엑스터시 때문에 요즘 살맛 나요."

정치적인 대답

"빨리 이 나라를 떴으면 좋겠어요."
"정부에 돈을 대주기 위해 최선을 다하고 있죠."
"감상적 자유주의자치곤 나쁘지 않은 편이에요."

16

전화로 자신의 용건 분명하게 전달하기

대본을 작성하라

상상력이 풍부한 앤절라는 매우 드라마틱한 시나리오를 상상하며 시간을 보냈다.

다리미를 켜둔 채 외출했다가 돌아와 보니 소방관들이 집에 못 들어가게 한다. 그리고 고개를 저으며 이렇게 말한다. "다 탔어요. 완전히 다 타버렸어요. 재밖에 안 남았다고요." 그리고 뒤에서는 불에 탄 지붕이 무너져 내림과 동시에 5년을 같이 산 남편은 이렇게 말한다. "난 당신과 갈라서고 인턴사원이었던 우나에게 갈 거야. 그녀도 이제 정식 직원이 되었으니 나의 지혜와 안내가 필요할 테니까. 게다가 그녀는 내가 섹시하대."

이런 시나리오도 있다. 시의원이 백만 달러나 되는 거금을 횡

령했다는 사실을 그녀가 우연히 알게 됐다. 곧 그에게 이 사실을 알릴 예정인데……

앤절라는 자신이 쓴 드라마에서 모든 장면과 이야기를 오로지 자기만의 만족을 위해 끝도 없이 써 내려갔다. 그러나 실제로 그녀는 전화 한 통화 할 때조차 무대공포증 같은 두려움을 느끼는 사람이었다. "끊어요!"라고 말하고 다른 일을 할 생각도 못한 채, 온 몸이 마비되어 버리는 것이다. 처음에는 생생한 상상의 세계에서 사는 것이 동네 공용 주차장의 주차증을 어떻게 받는지 알아보기 위해 전화를 거는 일보다 재미있을 것이라고 생각했다. 그런데 시간이 지날수록 현실의 힘은 강해졌다. 그녀는 깨달았다. 차를 세 번씩이나 견인당하는 것이야말로 절대 생각하고 싶지 않은 드라마 같은 일이라는 것을.

앤절라를 치료한 의사는 그녀가 늘 자기만의 대본을 쓴다는 사실을 떠올리고, 그런 그녀의 습관이 쓸데없는 공상에서 유용한 능력으로 변모하도록 도와주었다. 처음에 앤절라는 의사의 조언대로 간단한 상황에 관한 대화문을 억지로 짜 맞추면서 자신이 바보가 된 듯한 기분이 들었다. 모든 대사는 물 흐르듯 자연스럽게 이어져야 된다고 생각했기 때문이었다.

그러자 의사는 모든 대본 작가들은 몇 번씩 대본을 고쳐 쓰면서 배우의 자연스런 대사 속에 작가가 의도한 뜻을 담아낸다고 가르쳐주었다.

다음 방법에 따라 전화를 하면, 당신의 용건을 분명하게 전달하고 원하는 대답을 듣는 데 도움이 될 것이다.

종이에 알고 싶은 것들을 적는다

집 앞 도로에 움푹 파인 구멍의 보수는 누구에게 책임이 있는지, 아들이 속한 합창단 공연의 가족 입장권 번호는 몇 번인지, 렌트카는 어떻게 수리해야 하는지 등 알고 싶은 이름이나 번호, 방법 등을 차분히 적는다.

자신에 관한 소개말을 적는다

"안녕하세요, 제 이름은 앤절라예요. 케리의 엄마죠."

"오른쪽 파란 대문 집에 사는 이웃이에요."

"나라 일에 관심이 많은 유권자인데요."

"정기 구독자예요."

"잠재력이 풍부한 학생이에요."

"오늘 4시에 찾아뵙기로 약속한 사람인데요."

전화한 용건을 짤막하게 적는다

상대방이 제대로 못 알아들었을 경우 당신이 혼란스러워질 수 있기 때문에 용건은 정확하고 분명하게 전해야 한다.

"ㅁㅁ의 번호를 알고 싶어요."

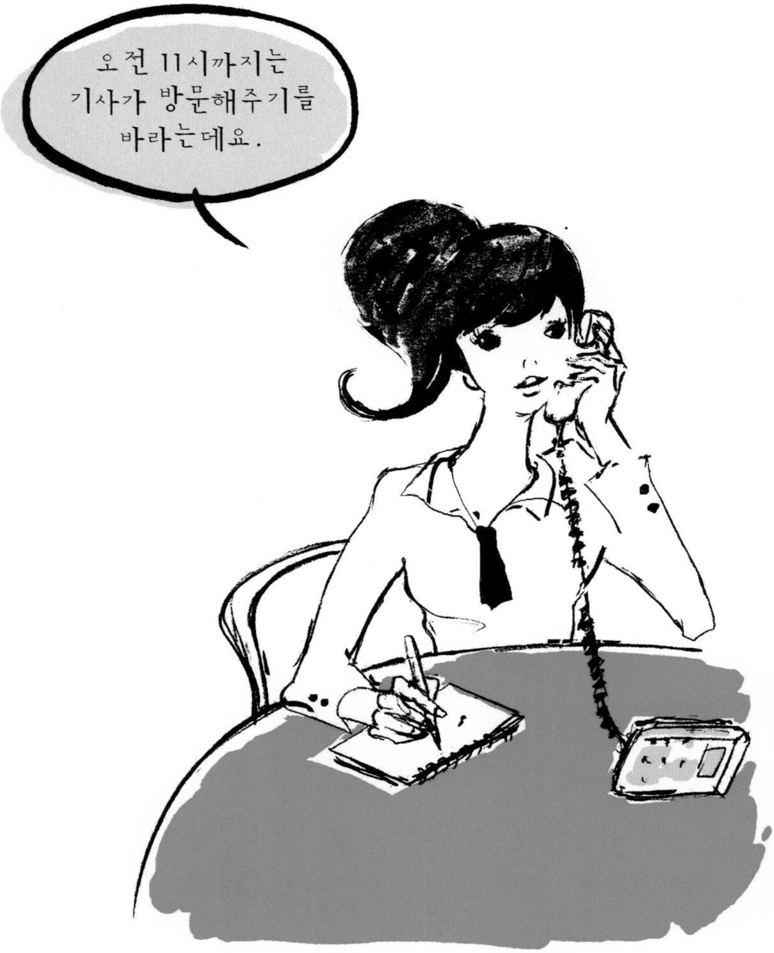
오전 11시까지는
기사가 방문해주기를
바라는데요.

"ㅁ ㅁ할 방법을 알고 싶어요."

"ㅁ ㅁ이 가능한가요?"

가끔 엉뚱한 사람과 통화하게 될 수도 있기 때문에 용건은 짧게 말하는 것이 좋다. 그럴 경우에는 누구에게 물어봐야 하는지 확인한 다음 그 부분부터 다시 시작한다.

이제 진짜 전화를 걸고 상대방이 대답할 시간을 주면서 적은 내용을 읽는다. 상대방의 이야기를 들을 때는 숨을 깊게 쉬어 마음을 진정시키고 머리를 맑게 한다. 들으면서 메모를 하면 나중에 무슨 말을 들었는지 기억해내느라 스트레스 받는 일도 줄일 수 있다.

전화를 끊고 나서는 자신을 칭찬해주는 의미로 이렇게 말해보자. "잘했어!"

전화로 자신의 용건 분명하게 전달하기

· 전화 통화를 통해 알고 싶은 것들을 먼저 메모한다

· 나를 소개하는 말을 적어본다

· 상대방에게 전할 용건을 간단명료하게 적는다

· 상대방의 대답 중 중요한 사항을 받아 적는다

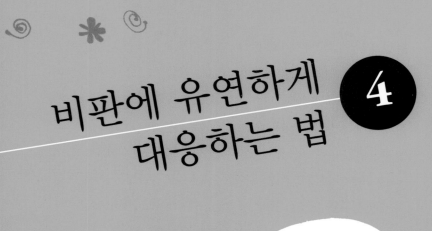

비판에 유연하게
대응하는 법

4

17

비판에 뻔뻔하게 대응하기

비판을 인정하고
오히려 한술 더 뜨라

　　　　　　　사람은 누구든 자기를 비판하는 말을
들으면 움츠러드는 경향이 있다. 아무리 조심스런 비판이라도
말이다.

　5분 지각했는데 새로 취임한 사장이 시간 엄수의 중요성을 언
급한다. 졸업 논문을 제출했더니 교수님이 날짜가 잘못 기록되
었다고 지적한다. 세탁소 직원은 "캐시미어 옷을 입었을 때는 아
이스크림을 드시지 말아야죠!"라고 말한다.

　아무리 사소하거나 부당한 비판이라도 그런 소리를 들으면,
낙서한 벽지 앞에 크레용을 들고 서 있다가 엄마에게 붙잡힌 어
린아이 같은 기분이 든다. 그리고 잘못했다고 용서를 구하거나,

상황을 설명하거나 자신을 변호해야 될 것 같은 충동이 든다. 내 잘못이 아니다, 미안하다, 사고였다, 그럴 만한 이유가 있다, 사람들이 상황을 잘못 알고 있다, 그래도 난 최선을 다했다 등등.

왜 그럴까? 당신이 모든 사람에게 일일이 설명해야 할 의무는 없다. 사과할 이유는 더군다나 없다. 습관처럼 죄의식을 느끼거나 피해의식 때문에 허겁지겁 자신을 변론하기 전에 먼저 스스로에게 한번 물어보자.

- 이 점은 내가 정말 잘못한 걸까?
- 내가 누군가의 기분을 상하게 했나?
- 이 사람이 나한테 이럴 만한 자격이 있는가?
- 이 사람이 나를 어떻게 생각할지 불안한가?
- 이 비판이 정당한가?
- 이 비판이 건설적인가?
- 이 얼간이가 꼼짝 못하도록 반격할 만한 것이 있는가?

"아니요"라는 대답이 입 안에서 맴돌더라도 그냥 간단하게 인정해버리는 것은 어떨까? 즉 "네, 그래요"라는 식으로 받아들이는 것이다. 좀더 멋지게 말할 수도 있겠지만 그 말에 담긴 뜻은 모두 같다.

- "네, 제가 좀더 신중하게 행동할 수도 있었다고 생각해요."
- "이런, 제 잘못이에요." (무관심한 듯 혹은 싫지만 할 수 없다는 태도로)
- "맞아요, 위험한 줄 알지만 오토바이를 살 생각이에요."
- "그래요, 제 방이 기숙사에서 제일 지저분하죠."

운이 좋다면 이런 "네, 그래요" 식의 대응은 상대방의 기세를 잠재워 꼼짝 못하게 하거나 그를 어리둥절하게 만들어버릴 수도 있다. 누군가를 비판하는 사람들은 상대방에게 갑작스런 일격을 가하거나, 당황하게 만들어 끽소리도 못하게 만들 방법을 노린다. 그러나 누군가가 당신을 노골적으로 공격해와도 맞받아치지 않고 침착한 태도로 받아들이면, 당신은 상대방의 그물에 걸려들지 않을 수 있다.

안마사였던 콘수엘로는 고객들이 보이는 불만스런 반응에 무척 민감한 편이었다. 손놀림이 너무 억세다고 불평하거나 안마 중에는 절대 말을 못하게 하는 사람이 있으면, 그녀는 그 손님의 비위를 맞추려 애쓰며 잘 보이기 위해 노력했다. 그녀의 사촌 베아트리체 역시 안마사였는데, 한번은 온천에서 아주 조심스럽게 안마하고 있는 콘수엘로를 불러내 이렇게 말했다.

"잘 들어. 이런 여자들한테 그렇게 쩔쩔맬 필요 없어. 너는 그 사람들한테 기계나 다름없다고. 그러니까 기계를 작동시키듯 늘 똑같이 하면 돼. 넌 착하고 또 훌륭한 안마사야. 그냥 알았다고만 하고 너 편할 대로 하는 거야."

콘수엘로는 "알겠어요"라는 대답이야말로 까다롭게 구는 손님의 95%가 정말 바라는 것이었음을 깨달았다. 이후 그녀의 태도는 점점 더 침착해지고 자존심은 날로 높아졌으며 팁 역시 계속 늘어났다.

비판에 뻔뻔하게 대응하기

· "아니요"보다 "네, 그래요"라고 인정한다
· 노골적인 공격에도 침착하고 무덤덤하게 대응한다
· 상사나 고객이 까다롭게 굴 때 그냥 "알았어요"라고 답한다

18

악의적인 비판 중단시키기

물러나고, 덮어버리고, 맞받아쳐라

비판하는 말을 들으면 당신은 그중 일부만 인정하거나 대체로 동의하는 등 여러 가지 태도를 보일 것이다. 비판하는 내용에 조금이라도 바람직한 의견이 담겨 있다면 그나마 괜찮다. 그러나 그 내용이 완전히 거짓이고, 악의로 가득 차 있다면 어떻게 해야 할까? 그런 말을 떠들고 다니는 사람들은 동의하거나 인정해줄 가치가 전혀 없다. 그들은 실탄을 가지고 당신의 자존심에 구멍을 내고 있는 것과 마찬가지기 때문에 그들과는 당장 관계를 끊어야 마땅하다. 어떤 논쟁에서든 우리는 세 가지 입장을 취하게 된다. 물러나거나 덮어버리거나 맞받아치는 것이다.

물러나기

가끔은 아예 그만둬버리는 것이 가장 좋은 방법일 때가 있다. 그 자리를 떠나거나, 전화를 끊어버리거나, 계약을 파기하거나, 이사를 가버리거나, 메일에 답장을 하지 않는 것이다.

레니의 밴드에 새로 온 드럼 주자는 레니의 기타 음에 끊임없이 트집을 잡으며 첫 리허설을 계속 엉망으로 몰아갔다. 레니는 자신의 음악적 재능에 자부심이 대단했기 때문에 가장 간단한 방법으로 문제를 해결했다. 즉 리허설을 중단하고 드럼 주자를 새로 구한 것이다. 물론 불평만 늘어놓던 그 사람은 다시는 부르지 않았다.

덮어버리기

물러날 수 있는 상황이 아니라면 그냥 덮어버리는 방법도 있다. 비판하는 사람을 무시하거나, 대답을 피하거나, 화제를 바꾸자고 하거나, 대화를 미루거나, 혼자만 알 수 있는 말을 하면서 상대방을 어리둥절하게 만드는 것이다.

간호사 노조의 대표로 일하는 캐런은 간호사들을 대상으로 병원에서 제안한 새 계약서의 설명회를 진행하고 있었다. 그때 급진적 성향을 지닌 한 젊은 간호사가 이렇게 물었다. "노조에서는 통합결제시스템 홍보를 위해 왜 아무것도 안 하는 거죠?" 그러나 캐런은 그 질문이 회의 내용과 전혀 맞지 않다고 생각했기 때문에 가장 기본적인 회의의 원칙을 이유로 들면서 대답을 회피해버렸다. 캐런은 "회의 규칙에 어긋난 질문이네요. 금방 답할 수 있는 것도 아니고 이 회의에서 논의해야 할 주제에 포함되어 있지도 않습니다"라고 말했다. 그리고 그 간호사를 무시한 채 나머지 회의를 진행했다.

맞받아치기

그냥 덮어버릴 수도 없고 물러날 수도 없는 경우라면, 갖고 있는 모든 무기를 동원해 맞받아쳐야 한다. 악의를 갖고 남을 비판하는 사람들은 매우 비열한 말들을 지껄이기 때문에 참아줄 필요가 전혀 없다. 그들의 논리성과 태도, 윤리관, 외모 등 수단 방법을 가리지 말고 확실히 공격하자.

악의적인 비판 중단시키기
· 아예 그만둬버린다
· 물러날 수도 없으면 무시하고 덮어버린다
· 이길 각오로 확실히 공격한다

19

쓸데없는 논쟁 피하기

동의하는 척하라

당신을 비판하는 사람들 중에는 당신의 능력이나 자신감을 공격하려는 의도로 그러는 것이 아닌 사람도 있다.

이런 사람들은 남들도 다 아는 내용인데 자기 혼자만 아는 양 으스대고 싶어하고, 당신은 매사에 잘하는 것이 하나도 없을 것이라고 확신한다. 또 보통 사람들보다 자신들이 훨씬 똑똑하며 자신들의 지혜를 당신에게 빌려줌으로써 대단한 호의를 베푼다고 여긴다. 그리고 당신은 그들의 지식을 얻게 되었으므로 당연히 고마워해야 한다고 생각한다. 또 당신이 자신에 대해 알고 있는 것보다 자신들이 당신을 더 잘 알고 있으며, 당신의 문제도 자신들이 해결할 수 있다고 여긴다. 당신은 자신에게 무슨 문제가 있는지조차 모르는데 말이다. 사실 문제는 그들에게 있으며, 그 문제를 해결할 수 있는 사람이 바로 당신이다.

다음은 몇 가지 예다. 당신이 말할 부분만 큰 소리로 읽어보자.

잔소리꾼 : 막힌 배수로를 뚫으려면 뜨거운 커피에 식초, 콜라를 넣고 암모니아수를 조금 섞은 다음 부으면 돼요. 안 그러면 배관 기술자가 부르는 대로 값을 쳐줘야 되잖아요. 그럼 당신이 그 기술자의 자녀들의 학비를 대주는 꼴밖에 안 돼요.

당신 : 그렇네요. 제가 직접 배수로를 고치지 않으면 정말 많은 돈을 써야 될지도 모르겠어요.

➤ 이렇게 대꾸하지는 말자 : 배수관에 그런 걸 넣었다가는 쾅 하고 터져버릴걸요. 그럼 날아간 부엌을 다시 만든다고 집을 담보로 대출을 받아야 할지도 몰라요.

잔소리꾼 : 이사 갈 때는 집주인이 청소에 대해 어떻게 하자고 말할 때까지 기다려야 해요. 그렇지 않으면 청소기로 카펫 위만 밀면 될 것을 몇 시간씩 고생할 수도 있거든요. 어차피 도배는 매번 다시 할 테니까요.

당신 : 당신 말이 맞아요. 주말 내내 부엌과 욕실 바닥을 문

지르고, 12년 동안이나 선반에 쌓였던 먼지를 털어
냈다가는 과로로 쓰러져버릴지도 몰라요. 집주인이
먼저 말하기 전까지는 시간을 끌어야겠네요.

➜ **이렇게 대구하지는 말자 :** 먼지 구덩이 같은 당신 아파트에서 숨
을 쉬었다가는 아마 지독한 호흡기 질환에 걸리고
말걸요.

명심하라. 좋은 말을 할 생각이 아니라면 아예 입을 다물자!
당신은 잔소리꾼들의 비위를 맞추기 위해 이 책을 읽는 것이
아니다. 잔소리꾼에겐 동의하는 척을 함으로써 재빨리 그 상황
에서 벗어나는 것이 최선이다. 불필요한 대꾸는 잔소리의 연속
으로 이어질 뿐이다. 당신은 '전체 관람가' 영화처럼 누구에게
나 친절한 말만 하면 된다. 머릿속으로 '18세 이상 관람가' 수준
의 생각을 하는 것은 감쪽같이 숨긴 채 말이다.

쓸데없는 논쟁 피하기

· 나를 공격하는 사람이 나를 비판하려는 것인지, 아니면 본래
  잔소리를 좋아하는 사람인지 먼저 구별한다

· 잔소리꾼에겐 동의하는 태도를 보임으로써 쓸데없는 논쟁을
  피한다

20

건설적인 비판 듣기

상대를 파악하기 위해
집중적으로 캐물어라

잘난 척하며 잔소리를 늘어놓는 사람
들은 눈싸움할 때처럼 상대하면 된다. 즉 적당한 거리를 유지하
고 자신의 약점은 잘 숨긴 다음, 가끔 눈 뭉치를 집어던져서 그
가 가까이 오지 못하게 만드는 것이다. 잘못하면 자신을 너무 많
이 노출시켜 공격을 당하는 경우도 있으므로, 그런 사람들과는
의미 있는 대화도 나누지 않는 편이 좋다.

그러나 아주 가끔은 자신에 대한 비판이 건설적일 때도 있다.
주의 깊게 잘 들으면 자신에 대해 알아둘 만한 가치가 있는 것들
을 배울 수도 있다.

어떻게 해야 잔소리는 쏙 뺀 채 건설적인 비판만을 들을 수 있

을까? 이럴 때 사용하는 것이 바로 집중적인 캐묻기 기술이다.

상대방이 나에게 도움을 줄 아군인지 아니면 눈 뭉치를 숨기고 있는 적군인지 파악될 때까지는, 그 전에 들은 내용에 대해 동의 여부를 표현하지 말고 그냥 더 자세히 이야기해달라고 부탁하자. "잘 모르겠어요", "더 자세히 얘기해주세요", "그게 무슨 뜻이에요?", "그게 무슨 영향이 있는데요?" 등의 표현은, 게임을 포기하지 않으면서 더 자세한 정보를 얻어낼 수 있는 탐문 기법이다.

펄은 복도에 있는 커피자판기 앞에서 직장동료인 멕에게 사장에 대한 불만을 털어놓고 있었다. 그때 멕이 이렇게 말하며 끼어들었다. "너는 정말 민감한 것 같아."

펄은 갑자기 울리는 알람 소리를 들었을 때처럼 깜짝 놀랐다. '내가 민감하다고?' 펄은 무슨 뜻인지 알아들을 수가 없어서 자세히 말해달라는 뜻의 질문을 하나 던졌다. "민감하다는 게 무슨 뜻이야?" 펄은 멕이 아군인지 적군인지 알고 싶었기 때문에 뜻을 명확히 해달라고 부탁한 것이다. 멕이 대답했다. "사람들의 감정 상태를 정확히 알아낸다는 뜻이야." 아직도 확신이 서지 않은 펄은 다시 솔직히 물었다. "좋은 뜻이야?" "당연하지. 너는 사장이 어떤 기분인지 알고 있잖아. 그가 근본적으로 느끼는 불안까지 꿰뚫고 있다는 뜻이야."

펄은 멕의 의견이 건설적이라는 것을 깨닫자 마음이 놓였다.

그러나 잘못했다가는 대화가 다음과 같이 엉뚱한 방향으로 흘러
갔을지도 모른다.

> 멕 : 너는 너무 민감해.
> 펄 : 민감하다니, 무슨 소리야?
> 멕 : 모든 걸 너무 개인적으로 받아들인다는 뜻이야.
> 신경과민 환자처럼 말이야.
> 펄 : 그래, 맞아. 나는 사람들한테 너무 민감하게 굴어. 그런
> 데 지금은 일해야 될 시간 아니야? 일이나 하자고!

건설적인 비판을 자세히 캐묻다 보면 그동안 몰랐던 자신의
성격이나 행동들을 알 수 있다.

늘 신중을 기하면서, 상대방이 던진 차가운 눈덩이가 내 눈을
향해 날아올 것 같을 때는 재빨리 몸을 굽히고 피해야 한다는 것
을 잊지 말자.

건설적인 비판 듣기
· 나에 대한 비판이 건설적인 것인지 아닌지부터 판단한다
· 파악이 쉽지 않을 때는 더 자세히 말해달라고 부탁한다
· 상대방이 비생산적인 얘기를 하기 시작하면 재빨리 피한다

21

잔소리꾼의 비판 끝내기

부분적으로 인정한 후
자신의 의견을 말하라

사람들이 누군가를 비판할 때 사용하는 대화 기술은 매우 미숙할 때가 많다. 비판을 일삼는 사람들은 보통 광범위하게 당신을 공격해오는데, 마치 당신은 제대로 할 줄 아는 것이 아무것도 없다는 식이다. 그러나 천만의 말씀, 절대 그렇지 않다.

실수를 포함해 세상에 절대적인 것이란 거의 없다. 그러나 당신은 그 사실을 모르기 때문에 자꾸 잔소리꾼들의 말에 신경이 쓰이는 것이다. 그들이 비판을 어떻게 조작하는지 잘 들어보면, 당신을 궁지로 몰기 위해 어떤 식으로 애쓰는지 알 수 있다.

남을 비판하는 사람들은 '항상'이라든가 '모두', '절대' 같은 단어들을 자주 사용한다. 즉 "너는 항상 제일 늦게 나타나는구나", "사무실 사람들 모두가 너와 실라의 안 좋은 관계 때문에 신경이 쓰인대", "아무리 여러 번 말해도 너는 절대 이해 못할 거야" 같은 식이다. 당신은 아주 가끔 능장을 부렸을 뿐이고, 실라는 그저 좋아하는 사람이 아닐 뿐이며, 처음 듣는 내용이라 좀 혼동했을 뿐인데도, 그들은 전체의 경우로 비약해서 말한다. 그렇지 않은가?

그렇다면 이런 식의 비판에는 어떻게 대처해야 할까?

맞받아치는 것이 효과적이라고 생각한다면 그렇게 하되, 반드시 이겨야 한다. 하지만, 조금 과장되었을 뿐이며 그들이 일반화시켜버리기는 했지만 그 속에 사실이 티끌만큼이라도 포함되어 있다면 당신은 뭔가 다른 태도를 취해야 한다. 그 사람을 앞으로도 계속 만나야 하기 때문에 그와 다투고 싶지 않다면 다음과 같이 대응하자.

비판의 내용을 꼼꼼히 살펴본다

물렁한 토마토로 가득한 바구니에서 싱싱한 토마토를 고르듯 비판 내용을 하나하나 자세히 살펴보자. 그래서 싱싱한 토마토를 찾았을 때만 그에 대응하는 것이다. 아마 이런 식으로 말하게 될 것이다.

"당신이 말한 내용 중 이 부분은 사실이라는 것을 인정해요."

예를 들면 이렇다.

"제가 식당에 늦게 도착한 건 사실이에요."
"네, 실라와 전 지난 1월에 싸운 적이 있죠."
"맞아요. 저는 사용설명서를 이해하지 못했어요."

마지막에 하고 싶은 말을 덧붙인다

당신에게 비난을 가하는 사람이 누구인지, 또 어떤 상황이냐에 따라 때로는 몇 마디 덧붙이고 싶을 때도 있을 것이다. 단순히 자신에게 쏟아지는 비난을 중단시키고 싶다면 싱싱한 토마토, 즉 사실인 부분만 인정하고 끝내면 된다. 그러나 더 나아가서 다른 토마토들의 상태에 대해서도 이야기하고 싶다면 잘못된 부분을 바로잡아 당신의 생각을 말한다.

예를 들면 이런 식이다.

"제가 식당에 늦게 도착한 건 사실이지만 보통은 약속시간을 잘 지킵니다."
"당신 말대로 실라와 전 지난 1월에 다퉜어요. 하지만 그 이후로는 서로 평범한 관계를 유지하고 있죠."
"사실 처음에는 사용설명서를 이해하지 못했어요. 하지만 지난 화요일에 엘라가 다시 설명해줘서 지금은 제대로 알고 있습니다."

이렇게 하면 당신을 비판하는 사람들의 생각이 일부는 옳다는
것을 인정하면서도 자신에 관한 결론은 결국 자기 자신이 낼 수
있게 된다.

비판을 끝내는 기술

· 나에 대한 비판 내용 중에 사실이 있는지 살펴본다

· 비판을 멈추게 하고 싶을 때는, 내가 인정할 부분에 대해서 재
빨리 인정한다

· 나에 대한 잘못된 부분을 바로잡아 상대방의 비판을 끝내게
한다

22

의견 주고받기

공평하게 듣고 말하라

이브는 자신이 훌륭한 대화 상대자라
고 생각한다. 그녀는 에릭이 무엇을 잘못했는지 정확하고 분명
하면서도 간결하게 집어낼 줄 안다. 하지만 그녀가 훌륭한 대화
상대자인 것은 그가 입을 다물고 있는 경우에 한해서다. 그녀는
자신이 잘못한 것은 듣지 않으려고 한다. 그래서 싸움이 시작되
는 것이다.

상대를 비판하는 말을 할 때는 상대도 당신을 비판할 수 있음
을 잊지 말고, 그럴 때 당신이 불쾌해진다면 상대도 그렇다는 것
을 기억해야 한다. 그렇다고 서로 전혀 비판을 안 할 수는 없을
것이다.

누군가로부터 자신이 잘못했다는 이야기를 듣는 것은 힘든 일이다. 자신을 변호하고자 하는 것은 인간의 본성이며, 그렇게 해서 효과가 있다면 그것도 괜찮다. 하지만 이제는 정직해지자. 상대방을 공격하고, 그의 의견을 맞받아치고, 자신을 변호하는 것이 정말 효과가 있을지 신중히 생각해보자.

생각이 정리되었다면, 어떻게 하면 서로 생각을 분명하게 주고받을 수 있는지 다음을 참고하라.

적당한 시기를 정한다

시간은 현명하게 생각해서 결정한다. 너무 늦었거나 두 사람 다 흥분한 상태라면 다음에 이야기하기로 한다. 계속 밀고 나가고 싶은 충동이 일 때는 그 결과를 생각해보자. 다른 시간에 이야기하기로 결정했다면 그에 따른다.

자기 생각을 분명히 밝힌다

의견은 구체적이어야 한다. "회식 때마다 너 때문에 정말 괴로워"라고 말하기보다는, "회식 때는 네가 한참 동안이나 나한테 말을 걸지 않으니까 기분이 나빠. 틈틈이 나한테도 신경을 써줬으면 좋겠어"라고 말한다.

이때, 대화의 초점을 유지한다. 다른 주제로 빗나가서는 안 된다. 그리고 당신의 얘기에 상대방이 화를 낸다고 자신도 덩달아

화를 내지 않도록 하자. 목소리가 크다고 좋은 것은 아니다. 또한 상대방의 불평에도 취할 점이 있다는 것을 인정하고 그에 관한 얘기도 하기로 한다. 단, 하던 이야기는 먼저 마쳐야 한다.

적극적인 태도로 상대방의 의견에 귀 기울인다

먼저 한 걸음 더 다가가 당신이 받고 싶었던 관심을 상대방에게 보여준다. '남에게 대접받고자 하는 대로 남을 대접하라'는 황금률도 있지 않은가!

상대방이 얘기할 때는 적극적인 자세로 듣는 데만 집중한다. 얘기를 듣다 말고 "당신도 그래놓고선, 지난번에……" 하는 식으로 끼어들며 상대방에게 책임을 전가해서는 안 된다.

필요한 경우엔 상대방에게 분명히 말해달라고 부탁한다. 험악한 목소리로 "당신은 지금도 말이 안 되는 소리를 하고 있어. 당신 바보 아냐?"라거나, "그 이야기는 벌써 수천 번도 더 했잖아"라고 말하며 상대방의 기를 죽이라는 뜻이 아니다.

이렇게 말해보자. "난 아직도 헷갈려. 당신은 내가 늘 그렇게 시끄럽다는 거야, 아니면 식사 때만 그렇다는 거야?"

성숙한 태도로 자신의 잘못을 받아들인다

"당신 말이 맞아. 내가 그렇게 하는 바람에 당신을 정말 화나게 만들었어. 그럴 뜻은 아니었지만 어쨌든 미안해."

그렇게 말했는데도 상대방이 당신의 급소를 찔러 공격한다면, 그때는 자기 생각을 확실히 표현하지 못해 생긴 문제가 아닐 수도 있다.

불우이웃돕기나 선물 같은 문제라면, 받는 것보다 주는 것이 더 나을 수도 있다. 하지만 서로의 의견을 나눌 때는 듣고 말함에 있어 둘 다 공평해야 한다.

의견 주고받기
· 대화할 시기를 잘 선택한다
· 감정적으로가 아닌, 이성적으로 구체적인 의견을 말한다
· 상대의 말에 적극적으로 귀 기울인다
· 자신에게 잘못이 있다면 성숙하게 받아들인다

23

난처한 질문 피하기

기술적으로 화제를 바꾸어라

변비는 좀 어떠세요? 남편과 헤어진 이유는 뭐예요? 아들 학교엔 무슨 일로 불려 갔나요? 동생은 뭐 때문에 감옥에 간 거예요? 성병에 걸린 적이 있나요? 그럼, 월급이 올랐겠네요, 얼마나 올랐나요?

때로는 언급하고 싶지 않은 화젯거리들도 있는데, 사람들은 어떻게든 그런 이야기를 꺼내고 싶어한다. 모린의 엄마는 딸이 만나는 남자친구가 남편감으로서 괜찮은지, 또 훌륭한 아버지가 될 만한 사람인지 늘 캐묻곤 했다. 그럴 때면 모린은 괜히 어색해져서 눈을 질끈 감고 귀를 틀어막은 후, "랄랄라, 엄마 싫어, 아빠도 싫어"라며 음정 박자가 엉망인 노래를 불러대곤 했다.

이처럼 얼렁뚱땅 넘어갈 수 있는 경우도 있지만 남의 일에 참견하기 좋아하는 사람들을 따돌리려면 좀더 치밀한 전략을 사용해야 한다.

다음은 대답하기 곤란한 화제를 피하고 화제를 바꿀 수 있는 여러 방법들이다.

평범하게	오늘 날씨 정말 좋죠?
아량을 베푸는 척	이제 제 얘기는 그만 하고 당신 얘기 좀 해봐요.
도발적으로	왜 그런 걸 묻는 거죠?
앙갚음 조로	오늘 알코올 중독자 모임에는 다녀오셨나요?
엉뚱하게	날아다니는 동물이 되고 싶다면 어떤 게 되고 싶어요? 새, 박쥐, 나비, 아니면 모기?
동물에 빗대어	캥거루 이야기가 나와서 말인데, 제가 당신 배를 걷어차면 어떻게 될까요?

화제를 바꾸는 요령은 간단하다.

상대방의 말에 반응하지 않는다

상대가 술을 끊었냐고 물으면 별로 신경 쓰지 않는 척한다. 그냥 어깨를 으쓱하거나 얼굴만 살짝 찌푸릴 뿐 아무 말도 하지 않

는다. 만약 상대방이 정중한 말투로 물었다면 이런 식으로 대답
하자. "그 얘기라면 안 했으면 좋겠어요."

질문을 한다

당신이 피하고 싶은 주제와 연관된 것이면서도, 오히려 상대
방이 관심을 가질 만한 내용을 들춘다.

"술 얘기가 나와서 말인데, 당신은 안주로 먹을 만한 요리들
을 아주 잘 만든다고 들었습니다. 어떻게 만드세요?"

상대방의 주의를 흩뜨린다

관련 있는 것이 하나도 생각나지 않을 때는 그냥 무작정 내지
른다. 머릿속에 처음 떠오른 생각을 불쑥 말하는 것이다. "요즘
야구장에 가보셨어요? 우리 홈팀 잘하고 있나요?"라는 식으로
말이다.

거짓말을 한다

참견하기를 좋아하는 사람들은 솔직하게 대할 필요가 없다.
"사실 저건 보기엔 먹음직스럽지만 유효기간 지난 요구르트를
이용해 만든 거예요. 먹으면 화장실에 자주 가게 될걸요."

누군가 당신을 궁지로 모는 질문을 하거나 얘기를 하면 화제

를 바꿔버리자. 그냥 피해버리거나 거짓말을 하거나 소리 지르며 받아쳐도 상관없다. 엉뚱한 이야기로 화제를 돌리거나 뛰어난 말솜씨로 그들을 멍하게 만들어버리는 것도 괜찮다. 그래도 아무 소용이 없다면 실제로 발을 들어올려 한 방 걷어차버리는 것도 한 가지 방법이다.

난처한 질문 피하기
· 상대방의 질문에 반응하지 않는다
· 역으로 상대가 관심 가질 만한 내용을 질문한다
· 이야기 흐름과 관계없는 얘기를 흘려 주의를 흩뜨린다
· 거짓말로 둘러댄다

까다로운 사람
상대하는 법

5

24

짓궂은 가족 상대하기

한계를 정한 후
단호하게 밀고 나가라

당신이 가장 가깝다고 생각하는 가족
이야말로 당신에게 가장 큰 상처를 줄 수 있는 사람들이다. 그들
은 당신의 감정 세계를 훤히 꿰뚫고 있는 지질학자이자 고고학
자인 척 행동한다. 금이 간 곳은 어디이며, 균열은 왜 생겼고, 어
디쯤에 상처가 있는지 등 당신에 대해 모르는 것이 없다. 정말
심술궂게 대하는 가족에게는 자신을 변호하는 것조차 힘들다.

당신도 자식을 키우는 부모가 될 수 있고, 사랑스런 여동생이
될 수 있으며, 책임감 있는 성인이 될 수 있지만, 그런 것들은 시
험을 치러서 그 결과를 보여주는 식으로 딱히 증명해 보일 방법
이 없다. 그런데 그들은 가족이라는 명분 아래 당신의 기질이나

개성을 무시한 채 하고 싶은 말은 뭐든 다 하며 당신에게 뭔가를 요구하거나 지적한다. 이것은 잘못된 것이다. 그들이 수십 년간 그래왔어도 별다른 제재를 하지 않았기 때문에 드러내놓고 그런 말들을 하는 것이다. 만약 당신을 시도 때도 없이 놀리는 가족들에게 아무런 제재를 하지 않는다면 그들은 당신을 약 올리는 것에만 신이 나서 당신이 힘들어하거나 고통스러워한다는 것을 눈치채지 못한다. 그런 상황이 반복되면 당신은 결국 아무 도움도 못 받고 아무 말도 하지 못한 채 골탕만 먹게 될 것이며, 나중에는 위장약 사느라 돈까지 쓰게 된다.

"너는 농담을 농담으로 받아들일 줄도 몰라", "너는 너무 굳어 있어. 뭐든 민감하게 받아들인다니까", "아무것도 아닌 일을 왜 이렇게 크게 만드니?"

당신은 이런 말들을 자주 듣는 편인가? 그들은 아무 생각 없이 이런 말을 던지고는 눈동자를 굴리며 자기들끼리 낄낄댄다.

다음은 이런 가족들을 상대하는 몇 가지 요령이다.

워밍업으로 소방 훈련을 한다고 상상해보자

당신은 출구가 어디에 있는지 미리 알아둔 다음 자신의 탈출 경로를 계획할 것이다. 반드시 현장에서 탈출해야 한다는 계획 아래 훈련을 할 텐데, 차는 쉽게 빠져나갈 수 있는 곳에 주차해 둬야 한다. 누군가에게 차를 빼달라고 부탁해야 하는 상황이 발생한다면 재빨리 빠져나가기가 힘들어지기 때문이다.

가족들의 행동을 어디까지 참을 수 있는지 한계를 정한다

이것은 당신이 가족과의 관계를 얼마나 소중히 여기느냐에 따라 달라진다. 가족들이 불길 속에 있어도 당신이 눈 하나 깜짝하지 않을 것 같다면, 당신은 평소 가족들을 그리 많이 참아줄 수 없을 것이다. 그러나 당신이 고모를 좋아하고 있다면, 고모가 술에 취하기만 하면 욕을 퍼붓는 것도 참을 수밖에 없다고 생각할 것이다. 하지만 언제까지나 그럴 수는 없다. 더 늦어지기 전에 고모와 솔직한 대화시간을 가진다. 이때 당신과 고모와의 자리는 어느 정도 떨어진 곳에 잡는 게 좋다. 고모가 당신 따귀를 때릴 수 있는 기회를 허용해서는 안 된다.

내 편을 확보한다

누가 당신 편을 들어줄 수 있을까? 누군가가 와서 당신과 싸우고 있던 남동생에게 "앨릭스, 사실은 네가 먼저 괴롭혔잖아. 이제 그만둬"라고 당신 편이 돼줄 사람이 있으면 좋다. 다른 가족이어도 좋고, 친척이나 제삼자여도 상관없다.

분명하게 거부 의사를 표시한다

당신은 존중받을 자격이 충분하다. 당신에게도 맞받아칠 권리가 있다. 단호한 목소리로 짧고 간결하게 말한다. "이제 그만", "안 돼", "그런 말은 듣고 싶지 않아."

말할 여력이 남아 있다면 이런 결론을 덧붙여도 된다.

"앨릭스, 네 행동(혹은 말)은 참아주기 힘들어. 이제 소리 지르는 짓(혹은 흉보는 짓, 욕하는 짓) 좀 그만 하는 게 어때? 그렇지 않으면 내가 자리를 뜨겠어."

이때 옆에 있던 누군가가 당신에게 그만 하라는 압력을 넣을 수도 있다. 어쨌든 누군가와 다투는 모습은 보기에 좋지 않기 때문이다. 그러나 단호히 밀어붙여야 한다. 한계를 분명히 그어놓고, 가족들에게 그런 행동을 그만둘 기회를 준 다음 당신이 결정한 대로 실천한다.

바라던 것을 한 번에 다 얻으려고 해서는 안 된다

만약 앨릭스가 돌아서면서 "정말 예민하다니까. 하긴 여자들이 다 그렇지 뭐"라고 중얼거렸다면 2회전을 치를 수 있는 기회가 생긴 것이다. "난 그렇게 예민하지 않아, 이 바보 같은 자식아. 어디 이리 와서 다시 한 번 지껄여봐."

혹은 때리려다 마는 시늉을 취함으로써 뺨 맞을 위기를 모면하게 해주는 척한다. 결국 당신은 방 안에 있던 가족이 다 보는 자리에서 버릇없는 동생의 입을 다물게 만들 수 있을 것이다.

25

버릇없는 아이 상대하기

참지 말고 적절한 조치를 취하라

언젠가 찰스는 부모로서 언제 스트레스를 가장 많이 받느냐는 질문을 받은 적이 있었다. 잠시 생각에 잠겼던 그는 이렇게 대답했다.

"버르장머리 없는 다른 집 아이들과, 활기 넘치면서도 창의력이 풍부한 우리 아이들을 똑같이 대할 때요."

그러자 모두들 인정한다는 듯 폭소를 터뜨렸다. 찰스의 친구들은, "다른 집 아이들은 자기만 아는 것이고, 당신 아이들은 개인적인 취향이 강한 거야? 다른 집 아이들은 버르장머리가 없는 것이고, 당신 아이들은 목소리만 조금 클 뿐 자기 생각을 분명히 표현하는 거냐고?"라며 농담을 건넸다.

자신이 직접 당해보지 않으면 그저 재미있다고만 생각할 수도 있다. 그러나 식료품 가게 주인의 화를 돋우거나, 비행기 안에서 다른 사람의 잠을 방해하거나, 식당에서 테이블 위에 놓인 집기들을 함부로 만지고, 소리를 지르고 쿵쾅거리며 뛰어다니고, 의자를 계속 발로 차면서 마치 장애물 경기를 하듯 소란을 피우는 아이는 본 적이 없다고 말할 수 있는 사람이 과연 있을까? 자기보다 훨씬 작은 아이 때문에 피해를 봤다고 생각하는 것은 어쨌든 좀 창피스런 일이다.

그렇다면 어른들은 어떻게 행동해야 할까? 다음은 실제로 행동을 취하기에 앞서 고려해야 할 몇 가지 사항들이다.

누가 아이의 행동을 멈추게 할 것인가

일반적으로 세 가지 경우가 가능하다. 즉 아이 자신, 부모, 그리고 그 장소의 책임자(할인점 매장 관리자, 비행기 승무원, 식당 주인 등)다.

아마 공식적으로 부탁할 사람이 있다면 가장 편리할 것이다. 조용히 식당 주인에게 다가가 옆 테이블에서 먹던 국수 가락이 어쩌다 자신의 머리로 날아오게 됐는지 차분히 설명한 후 다른 손님들을 대표해, 국수를 먹기만 하는 게 아니라 장난감으로 취급하는 아이에게 적당한 조치를 취해달라고 부탁하는 것이다. 식당 안에서 함부로 뛰어다니는 아이들은 종업원들에게도 골칫거리다.

어떤 결과를 기대하는가

아이들의 행동을 멈추게 하고 싶은지, 혹은 떠드는 소리가 자기에게 들리지만 않는다면 그냥 내버려둘 것인지 결정한다. 아이스크림 코너에서 들려오는 괴성 때문에 귀청이 떨어질 것 같다면 잠시 쇼핑 카트를 빵 코너로 이동시키는 방법도 고려해보자.

감정적인 문제가 생길까봐 걱정되는가

자기 아이를 나무랐다고 그 부모가 화낼까봐 걱정되는가? 아이를 싫어하는 사람으로 인식될까봐 신경 쓰이는가?

만약 어떤 아이 때문에 당신과 주위 사람들이 계속 힘들다면, 상황을 차분히 설명한 후 당신이 바라는 바를 전하자.

"실례합니다. 댁의 아이가 계속 제 의자를 툭툭 차고 있는데 그러지 않았으면 좋겠네요."

그래도 아이가 멈추지 않으면 대처 방법을 좀더 강화할 필요가 있다.

"당신이 아이를 통제할 수 없다면 지배인에게 얘기해서 당신들 자리를 바꿔달라고 하겠어요."

어떤 식으로 접근할 것인가

당신은 아이나 아이의 부모한테 다정다감한 사람으로 비치고 싶은가, 아니면 규칙을 지켜달라며 당신이 원하는 것만 요구하고 싶은가? 당신이 어떤 식으로 그 상황에 대처할 것인지부터 결정하자.

그런데 어떤 방식으로 정했든 간에 아이 때문에 완전히 지쳐서 쩔쩔매는 부모를 보게 된다면 대부분의 사람들은 동정 어린 표정으로 이렇게 말할 것이다.

"무척 힘드시겠어요."

당신은 당연히 즐겁게 식사를 하고 영화를 관람하고 커피를 마실 권리가 있으며, 다른 집의 버릇없는 아이들 때문에 그 권리를 방해받을 이유는 없다. 나서지 못하는 사람들을 대신해 당신이 나서서 원하는 바를 확실히 전한다면 분명 주위로부터 많은 박수를(적어도 마음속의 성원을) 받게 될 것이다.

버릇없는 아이 상대하기
· 아이의 행동을 제지할 수 있는 사람이 있는지 살핀다
· 아이의 행동을 멈추게 하고 싶다면, 바라는 바를 그 부모에게 차분히 말한다
· 아이를 내버려둬도 되겠다면, 차라리 다른 장소로 이동한다

26

수다쟁이 상대하기

상황에 맞는 방법으로
수다쟁이의 입을 막아라

우리는 모두 지나치게 말이 많은 사람을 적어도 한 사람쯤은 알고 있을 것이다. 남편이 하는 일이나, 자기가 알고 있는 유명한 사람들에 관해 끊임없이 떠들어대면서 상류사회에 속하고 싶어 안달 난 동창도 있을 것이고, 아이가 너무나 지루해서 몸만 조금 들썩였을 뿐인데도 쉬지 않고 잔소리를 해대는 신경과민의 엄마도 있을 것이다. 또 군대 이야기를 몇 시간씩 늘어놓아 아주 넌더리가 나게 만드는 눈치 없는 남자 선배도 있을 수 있다.

다음에 소개하는 내용은 수다쟁이들의 입을 다물게 하는 몇 가지 방법들이다. 아예 막지는 못하더라도 당신이 몇 마디 끼어

듦으로써 말하는 속도를 늦출 수는 있을 것이다.

힘을 소진시킨다

사회적인 불안을 덜기 위해 끊임없이 떠들어대는 사람들도 있다. 이들은 계속 말을 쏟아 부어야 심적으로 안정감을 느끼는 사람들이다. 이런 수다쟁이와 논의해야 할 중요한 문제가 있다면, 서너 시간 정도는 함께 보낼 생각을 해야 한다. 당신이 친근하게 느껴지면 그 사람도 점차 긴장을 풀게 될 것이고, 말을 많이 한 후라 기운도 빠지게 될 것이다. 그때가 되면 아무 방해도 받지 않고 중요한 이야기를 꺼낼 수 있다.

몸짓으로 보여준다

앉아 있었다면 일어선다. 그리고 이제 막 셰익스피어 희곡의 독백을 시작하려는 배우처럼 팔을 활짝 편다. 그래도 상대방이 말을 멈추지 않으면 한쪽 팔을 들어올려 뭔가를 지적하려는 변론가처럼 집게손가락을 위로 쳐든다.

그래도 아무 소용이 없으면 손으로 양쪽 귀를 막아 더 이상 듣고 싶지 않다는 뜻을 알린다. 그것으로도 안 되면 아예 손으로 수다쟁이의 입을 틀어막아버리자.

싫은 기색을 너무 노골적으로 드러내고 싶지 않다면, 더 이상 눈을 마주치지 말고 다른 쪽을 쳐다보자. 그러면 이제 정말 지루

하고 집중도 안 된다는 것을 상대방에게 알릴 수 있다.

끼어든다

중간에 끼어드는 것이야말로 수다쟁이들을 처리할 수 있는 유일한 방법이다. 이런 방법을 한번 써보자. "아, 잊어버리기 전에 물어볼 게 있는데……."

이런 작전이 먹히지 않는다면 당신도 좀더 뻔뻔스러운 태도를 보인다. "야! 잠시만 멈춰. 나도 말 좀 하자."

이렇게 해서 마침내 말할 기회를 갖게 되었다 하더라도 수다쟁이들은 당신이 한 문장도 채 마치기 전에 벌써 끼어들려고 할 것이다. 그러나 이때는 단호한 태도로 끼어드는 것을 막아야 한다. 한 손을 쳐들고 이렇게 말하자.

"잠깐, 아직 내 말 안 끝났거든. 내가 말을 마치면 그때 하도록 해."

정말로 수다쟁이라면 이런 말을 듣는다고 해서 기분 나빠하지는 않는다. 이미 익숙해져 있기 때문이다.

요점부터 묻는다

가끔은 말 그대로 "요점이 뭐야?" 하고 묻는 것이 도움이 될 때도 있다. 쓸데없는 말을 한참이나 늘어놓다가 본론으로 들어가는 수다쟁이들에게는 반드시 이 방법을 써야 한다. 그들은 여러 주제 사이를 왔다갔다 하다가 결국에는 꼭 해야 할 말도 잊어버리고 희미해진 기억을 더듬으려고 애쓰곤 한다.

방해물을 이용한다

당신은 수다쟁이들에게 마실 것을 권하거나, 발 받침대를 옮기거나, 방이나 의자를 바꾸자고 권하거나, 새로 산 스탠드를 보여주거나 함으로써 그들의 말하는 속도를 늦추고 주의를 흩뜨릴

수도 있다. 주위의 모든 것들을 방해물로 활용해서 화제를 바꿔 보자. 바로 옆방에서 폭발이라도 난 것처럼 "방금 그 소리 들었어?" 하고 묻는 방법도 있다. 수다쟁이들은 자기 말도 제대로 듣지 않기 때문에 이런 속임수를 써도 눈치채지 못한다.

질문을 구체적으로 한다

수다쟁이들에게는 절대 "여행은 어떠셨어요?"라거나 "왜 집을 내놓으셨어요?" 하는 식으로 물어서는 안 된다. "예", "아니요"로 대답할 수 있는 구체적인 질문을 던짐으로써 짤막한 대답을 유도해야 한다. "여행 중에 로마에도 다녀오셨나요?" 혹은 "벌써 소유권 이전까지 마치셨어요?" 같은 식이다.

수다쟁이 상대하기
· 딴청을 피운다
· 수다의 중간에 끼어든다
· 말이 길어지기 전에 요점이 뭔지 질문한다
· 주변의 구조물과 같은 방해물을 이용해서 주의를 돌린다
· 간단하게 '예', '아니요'로 답할 수 있는 질문을 한다

27

의사 상대하기
당당하게 요구하고 받아내라

당신은 스스로 자기 주장이 확실한 사람이며 친구, 동료들과 함께 자신의 권리를 지키는 것이 식은 죽 먹기처럼 쉽다고 생각할 것이다. 그러나 당신도 갑자기 오줌을 지릴 만큼 위협적인 한 무리의 사람들과 마주치게 될 때가 있다. 그들은 당신을 고분고분한 여덟 살짜리 아이로 만들어버리기도 한다. 그들은 과연 누구일까? 바로 의사들이다.

제시카는 직원이 서른 명이나 되는 사무실을 경영하고 있다. 매사에 진지하고 솔직하기로 유명한 그녀지만 2년 동안 치과의사를 세 번이나 바꿨다. 그녀는 이렇게 말한다.

"저는 이를 치료할 때 나는 소리도 싫고 병원 냄새도 싫어요.

통증이 느껴질 때는 완전히 겁에 질려버리죠."

"이번에는 정말 최악이었어요. 의사가 치석 제거술이란 것을 해야 한다고 설명했을 때 울음을 터뜨리고 말았죠. 그게 뭔지도 모르는데 왜 그렇게 흥분했을까요? 더 안 좋았던 것은 제가 울기 시작하자 간호사가 휴지 한 통을 건네주더니 의사와 함께 나가버리는 거예요. 저만 남겨놓고요. 완전히 바보가 된 기분이었어요."

스탠이 가장 무서워하는 사람도 치과 전문의였다.

"검사결과를 보러 갔던 날 제 아들이 '의사가 뭐라고 할까요?' 하고 묻길래 전 '내가 어떻게 아니?' 라고 대답했죠. 대기실에 앉아 30분 정도 기다리자 의사가 쑥 들어왔는데 제 증세는커녕 제 이름조차 기억하지 못하더라고요. 저도 너무 당황해서 이름을 말하지 못했죠. 그러든 말든 의사는 무슨 뜻인지도 모르는 의학용어로 계속 무슨 말을 하는 거예요. 전 의대 근처에는 가보지도 않았는데 말이에요."

의사들은 오랫동안 전문적인 수련을 받았기 때문에 이름 뒤에 '박사' 나, '전문의' 와 같은 표현들이 따라다닌다. 하지만 그렇다고 해서 성실한 치료를 받을 당신의 권리를 포기해야 하는 것은 아니다. 의사들도 우리와 똑같은 사람이며, 그들 중에는 자신의 일을 모범적으로 수행하는 사람들도 있는 반면 직업 상담을 다시 받아야 할 사람들도 있다.

다음은 의사들을 대할 때 당신의 생각을 분명히 전할 수 있는 몇 가지 방법들이다.

의사를 선택한 사람도, 거부할 수 있는 사람도 당신이다

당신은 훌륭한 치료와 보살핌 그리고 자세한 정보를 안내받을 권리가 있다. 의사는 당신을 위해 일하는 사람이라고 생각해야 한다.

당신이 걱정하는 부분을 곧바로 말한다

다음은 제시카가 전도유망한 한 치과의사에게 한 말이다.

"검사할 때면 얼마나 불안한지 몰라요. 의사 분들 중에 저 같은 환자를 치료한 경험을 가진 분이 있었으면 좋겠어요. 만약 선생님이 그런 분이시라면 저 같은 사람을 어떻게 치료했는지 말씀해주시겠어요?"

스탠은 의사에게 자신의 상태를 설명할 시간이 없을 것이고, 혹시 설명하게 되더라도 의사가 이해하지 못할 거라고 생각하고 있었음을 깨달았다. 스트레스가 심했던 그는 의사에게 해야 할 말도 모두 잊어버리고 말았던 것이다.

다음은 이런 문제를 접했을 때 도움이 될 만한 사항들이다.

중요하다고 생각되는 것들을 적은 '커닝 페이퍼'를 미리 준비한다

자기 집과 같은 편안한 곳에서는 증상도 더욱 확실히 말할 수 있을 것이므로 그 기분을 그대로 유지한다.

솔직하고 구체적으로 말하는 연습을 한다

자신의 상태를 정확하고 솔직하게 표현하는 연습을 한다. 이런 식이다. "사흘 전에 찬바람을 쐰 이후로 목이 아프고 기침이 나더니 이젠 누런 콧물이 나고 가래가 끓어 숨쉬기가 곤란해요."

이해하지 못했다고 분명하게 말한다

의사가 하는 말을 이해하기 어렵다면 "다시 한 번 설명해주세요"라고 하거나 "선생님 말씀을 이해하지 못하겠어요"라고 떳떳하게 말한다.

제시카와 스탠 두 사람은 자신들이 의사 앞에서 주도적으로 행동하고 진료받을 권리를 스스로 지켜냈다는 생각에 뿌듯했다. 의사에게 '책임감'이라는 고삐를 풀어주게 되면 피해를 보는 사람은 다름 아닌 바로 당신이라는 사실을 기억하자.

28 못된 상사 상대하기
직원으로서 적극적인 태도를 취하라

모든 사람은 언젠가는, 어쩌면 당장이라도 '못된 상사'라는 괴물을 만나게 될 수 있다. 이 괴물은 회사 주변을 조용히 어슬렁거리다가 술집에 있는 직원이나 식당에서 평화롭게 식사를 하는 직원들만 보면 갑자기 모습을 드러내기도 하지만, 대부분은 날마다 사무실에 그 모습을 드러낸다.

질이 나쁜 인간을 상사로 두는 것은 정말 골치 아픈 일이다. 오랜 시간을 직장에서 보내야 하는데, 그 시간 동안 당신에 대해 권위를 휘두르는 짐승 같은 인간이 있다면 심신의 건강에 위협이 되기 때문이다. 아마 당신은 늘 화를 내고, 스트레스와 상처를 받게 될 것이다. 아무 도움도 받지 못한 채 항상 불안해하거나, 통제력을 상실하거나, 주눅이 들어 있거나, 과도한 부담감에 시달리게 될 수도 있다.

몇 년 동안 날마다 그런 기분을 느끼게 되면 어떻게 될까? 이럴 때 많은 사람들이 자신은 아무것도 할 수 없다고 생각하는 무력감에 빠지기 쉽다. 직장을 때려치울 때까지 그냥 꾹 참는 사람들도 있다.

그러나 이 경우에도 해결법은 있다. 소극적으로 가만히 있는 것도 아니고, 시원하게 한 방 먹인 죄로 폭행 전과를 남기지도 않을, 중간적인 방법이다.

괴물 같은 상사를 견뎌내려면 그의 생태를 연구해볼 필요가 있다. 당신이 직접 인간 다큐멘터리 프로그램을 하나 만든다고 상상해보자. 그리고 그 괴물이 모든 직원을 다 똑같이 대하는지, 혹은 직원들 중에서 그 괴물을 좀더 잘 다루는 사람들이 있는지 자세히 지켜보자. 상사가 소리를 지르거나 욕을 하면 "진정되시면 그때 다시 오겠습니다"라고 말하는 직원도 아마 있을 것이다.

그런데 당신이 상사의 못된 행동을 실제로 당해보지 않는다면 그의 행동을 어떻게 설명할 것인가? 그러니 직접 부딪쳐볼 필요도 있다. 그는 대화 기술이 부족한 사람인가? 원래 너무 깐깐한 성격이어서 모든 일에 지나치게 신경을 쓰는 편인가? 책상 서랍에 들어 있는 위장약이 그것을 증명하는가? 그는 자신의 상사를 두려워하고 있는가? 당신의 못된 상사를 파악했다면 이제 그 상사와 좋은 관계를 유지하는 몇 가지 요령을 익혀보자.

행동과 관련된 용어로 상사의 문제점을 적어보자

"상사는 얼간이다."

맞는 말일 수도 있지만 이런 식으로는 문제를 정확히 짚어낼 수가 없다. 그러므로 이렇게 적어야 한다.

"상사는 내가 하는 일을 모조리 알고 싶어한다."

당신이 다른 직원들과 다르다는 것을 보여주자

"바보 같은 짓은 그만두세요"라고 말하는 것은 좋은 방법이 아니다. "전 아무 방해 없이 혼자 점심을 먹고 싶어요"라든가 "제가 요약해서 작성한 내용을 동료부터 보여준 다음에 보여드리겠습니다"라는 식으로 말해보자.

상사를 만나기 전에는 잠시 여유를 갖고 마음을 다잡도록 하자

사무실에 당신 혼자 있다면 천천히 깊은 숨을 내쉬어본다. 혹은 용기를 줄 수 있는 동료와 잠깐 시간을 보내는 것도 좋다. 상사와의 대면은 반드시 필요한 과정이며 그래야 살아남을 수 있다는 것을 계속 상기하자.

상사와의 적극적인 커뮤니케이션을 시도하자

"제가 맡은 일에 최대한 효율적으로 임하고 싶고 팀장님께도 그 과정을 계속 알리고 싶어요. 그래서 하루에 두 번씩 간단한 보고서를 올려서 제가 일한 내용을 정확히 알려드렸으면 해요."

만약 상사가 자신의 마음을 읽어주길 바라는 것 같다면 이렇게 말하자.

"이번 프로젝트에서 팀장님이 원하는 내용을 정확히 알고 싶어요. 이번 일은 매우 중요하다는 걸 저도 알고 있으니까요. 팀장님의 지시는 다 기록하고 싶어요. 그래야 팀장님이 바라는 대로 일을 확실히 진행할 수 있으니까요."

명심하자. 못된 상사를 상대하는 일의 절반은 당신이 원하는 것을 분명히 파악하는 것이다. 나머지 절반은 상사가 이미 정한 방식대로 그것을 보여주는 것이다.

못된 상사 상대하기
· 구체적 행동이나 특징 등을 표현하는 말들로 상사의 문제점을 적어본다
· 내가 다른 직원들과는 다르다는 것을 보여준다
· 상사와 적극적인 커뮤니케이션을 시도한다

29

부하 직원 상대하기

주관이 뚜렷한 관리자가 되어라

열한 살인 자넬은 부모님이 안 계실 때마다 여동생을 돌봐야 했다. 자넬은 동생 소피에게 방을 청소하라고 시켰으며 동생이 제일 좋아하는 TV 프로그램도 못 보게 했다. 동생의 자주색 티셔츠도 감춰버렸고, 동생이 졸려하지도 않는데 억지로 낮잠을 재웠다. 결국 소피는 엄마에게 고자질을 했고 자넬은 꾸지람을 들었다.

다음에 또 동생을 돌보게 되자 자넬은 소피가 하고 싶은 대로 하도록 내버려두었다. 둘은 베개 싸움을 하다가 결국 스탠드를 박살 냈고 자넬은 또다시 엄마에게 꾸중을 들어야 했다.

다 큰 어른들이 단정한 옷차림을 하고 일하는 직장에서도 이와 동일한 힘의 역학관계가 존재한다. 너무 공격적으로 상사의 권위만 내세워도 곤란하고, 또 너무 소극적으로 지나치게 관대한 태도를 보여도 문제가 있다.

공격적이고 권위적인 상사

죄수들을 감독하는 간수처럼 전형적인 명령과 통제 방식을 따르는 상사다. 만약 당신이 이런 상사라면, 당신의 부하 직원들은 늘 정시에 출근해야 하고 복장 규정을 준수해야 하며 마감 시한도 반드시 지켜야 한다. 또 자신에게 할당된 업무는 무슨 일이 있어도 끝내야 하고 모든 의무도 정확히 이행해야 한다. 그렇지 않으면 당신의 분노를 초래하게 되기 때문이다.

힘과 통제력은 위에서 아래로, 복종과 존경은 아래에서 위로 이동한다. 그러나 이런 유형은 군대나 감옥 같은 곳에서만 효과를 발휘할 수 있는 것이 문제다.

당신은 직원들의 모든 움직임을 끊임없이 예의 주시해야 한다. 직원들이 제출하는 업무 보고서에서 독창성이나 창의력, 혁신성은 조금도 찾아볼 수 없다. 또 당신이 그들에게서 눈을 떼는 순간 직원들은 모두 일손을 놓아버린다.

소극적이면서 지나치게 관대한 상사

좀더 현대적이면서 '협력적인' 관리자 유형이라고 할 수 있다. 그러나 때로는 터무니없을 만큼 극단적인 상황까지 용인하는 경우도 있다. 상사와 부하 직원들은 뜻을 같이하는 공모자가 되며, 마감 시한이나 각자 맡은 회사 업무는 잊어버릴 만큼 지나치게 서로의 개인적인 생활에만 얽매이게 된다. 이런 유형의 관리자는 감수성 훈련 집단이나 사교 모임 같은 것을 맡는 것이 오히려 낫다. 상사로서의 권위와 통제력을 포기하는 대가로 당신이 얻는 것은 직원들이 보여주는 애매모호한 동지애뿐이다. 그러나 이런 호의마저도 직원들에 대한 업무 평가 기간이 끝나면 곧 사라져버릴 미미한 것이다.

주관이 뚜렷한 관리자

진심에서 우러나오는 협력적인 태도로 부하 직원들을 대한다. 이런 관리자는 명령보다는 제안하는 형태로 자신의 생각을 전달하며, 적당한 목표를 세운 다음 그 목표를 달성하는 데 필요한 시간과 수단을 직원들에게 충분히 제공한다. 친절하기는 하지만 사적인 감정을 드러내지는 않으며, 지나치게 엄격하거나 관대하지 않고 늘 적정한 선을 유지한다. 또 직원들을 위협하거나 나무라는 대신 목표를 성취할 수 있도록 끊임없이 격려하며 도전 정신을 자극한다.

만약 당신이 상사의 위치에 있다면 다음에 안내된 대로 '해야 할 것'과 '하지 말아야 할 것'을 확실히 구분하자.

해야 할 것

- 적정한 목표와 마감 시한을 정한다.
- 혁신적인 직원에게는 보상을 한다.
- 직원들과 식사를 같이한다.
- 모든 직원을 동등하게 대한다.
- 규칙을 준수한다.
- 약속을 지킨다.

하지 말아야 할 것

- 목표와 시한을 자기 마음대로 정한다.
- 직원들의 훌륭한 성과는 무시해버린다.
- 직원들과 사적으로 깊은 관계를 맺는다.
- 규칙을 무시하고 안이한 방법을 택한다.
- 지킬 수 없는 약속을 한다.

30 다른 사람의 행동 변화시키기
당신의 태도를 먼저 바꿔라

　　　　　　　사람을 변화시키는 것은 불가능하다. 정말 그럴까? 오히려 재앙을 불러일으킬 원인이 되지는 않을까? "날 정말 사랑한다면, 당신이 이렇게 해줬으면 좋겠어……"라는 배우자의 상투적인 말을 들으면, 정말 전화번호부를 펼치고 이혼 전문 변호사라도 찾고 싶을지 모른다.

　'언젠가는 바뀌겠지'라며 기다리는 것은 아무 소용이 없다. 상대방의 잘못된 행동을 아예 체념해버리는 것도 바람직한 방법은 아니다.

　그렇다면 어떻게 해야 할까? 때로는 당신이 바라는 바를 딱 잘라 말함으로써 그들에게 분명히 알리는 것이 나을 수도 있다.

하지만 당신 말에 전혀 신경을 쓰지 않거나 그 사람에게 그럴 능력이 아예 없다면 어떻게 할 것인가? 혹은 잘 알지도 못하는 사람이, "도대체 당신이 정말로 원하는 게 뭐야?"라며 따지고 들면 어떻게 할 것인가? 사람들을 대하는 당신의 태도를 바꾸면 상대방의 행동도 변화시킬 수 있다. 먼저 다음 질문들에 대한 답을 생각해보자.

- 무엇이 문제인가?
- 문제가 되는 행동을 하는 사람은 누구인가?
- 당신은 그 사람이 어떻게 바뀌기를 바라는가?
- 당신 자신은 어떻게 바꿀 것인가?

모나는 자기 반 학생들(대상)이 수업시간을 지켜주기를(바라는 행동 변화) 원했고, 제시간에 와달라고 직접 부탁하기도 했다. 그래도 여전히 5분, 10분씩 늦는(문제 행동) 학생들이 있었다. 그녀는 시간이 되면 즉시 수업을 시작하기로 결심하고 제일 먼저 숙제를 검사했다(자기 행동의 변화). 그래서 수업에 늦은 학생들은 숙제에 관해 꼭 들어야 할 설명을 놓칠 수밖에 없었다. 그렇게 2주가 지나자 모나의 수업에 늦는 학생은 단 한 명도 없게 되었다.

샤의 엄마 재신다는 "엄마, 이것 좀 해주세요"라는 말을 무척 싫어했다. "나한테 아무것도 시키지 마!"라고 소리치고 싶을 만큼 늘 피곤했기 때문이다. 샤와 재신다는 둘 다 상대방이 바뀌기를 바랐다(그러므로 둘 다 각자의 대상이 된다). 샤는 항상 엄마가 지쳐서 포기할 때까지 끈질기게 졸라댔고, 화가 머리끝까지 난 그녀의 엄마는 이렇게 소리치곤 했다. "입 다물지 못해? 계속 그러면 주말 내내 집 밖으로 한 발짝도 못 나갈 줄 알아!"

마침내 재신다는 샤가 계속 졸라대기 시작하면 일부러 모른 척하기로 했다. 그러나 일단 샤가 징징거리지 않을 때에는 최대한 관심을 가져주었다. 그리고 샤는 어쩌다가 얌전히 행동한 날은 엄마가 먼저 쇼핑몰까지 태워다주겠다고 말씀하신다는 것을 깨달았다.

니나는 커피숍에서 톰과 꽤 자주 마주쳤다. 그가 좋은 사람이라는 것은 알지만 데이트할 마음은 없었고 그 이유를 설명하고 싶지도 않았다. 반면 그는 늘 기대에 찬 표정으로 니나에게 인사를 건네곤 했다. 그녀는 정말 싹싹하고 친절한 사람이 되고 싶었지만 그에게 쓸데없는 희망을 주고 싶지는 않았다. 그래서 웃으며 함께 인사하되 곧바로 시선을 돌리고 계속 신문을 읽기로 했다. 그녀는 톰이 인사를 건넬 때마다 이런 식으로 행동했다. 결국 니나는 톰에게 쌀쌀맞게 굴지 않아도 되었고 톰 역시 자존심을 지킬 수 있었다.

원하는 바를 굳이 장황하게 늘어놓을 필요는 없다. 상대방의

기분을 충분히 고려해서 당신의 뜻을 논리정연하게 전한다면 상
대방도 당신이 원하는 대로 따라줄 것이다.

자기가 무엇을 잘못하고 있는지 전혀 알지 못하는 사람도 있
다. 그럴 때는 그냥 모르는 채 살라고 내버려두자.

다른 사람의 행동 변화시키기
· 문제가 되는 행동을 하는 사람을 먼저 파악한다
· 나는 상대가 어떻게 바뀌기를 바라고 있는지 생각해본다
· 나의 태도에서 바꿀 수 있는 점을 생각해보고 실행에 옮긴다

자신을 표현하는
특별한 방법

6

자기 요구 관철하기

고장 난 레코드처럼
반복 또 반복하라

이 방법은 레코드판으로 음악을 듣던 시절을 떠올리게 하는 특별한 전략이다. 고장 난 레코드에서 어떤 소리가 나는지 모르는 사람은 아마 없을 것이다. 그러나 최근 25년 사이에 태어난 사람들을 위해 잠깐 언급을 하고 넘어가야 겠다. 레코드판이 심하게 긁히거나 금이 가면 전축 바늘이 레코드판의 같은 홈만 계속 읽기 때문에 이런 식으로 소리가 난다.

"You ain't nothin' but a hound dog……but a hound dog……but a hound dog……."

그래서 누군가 전축을 세게 쳐서 바늘이 다음 홈으로 넘어가게 하지 않으면 계속 그 부분만 반복되는 것이다.

그 이후에 등장한 CD플레이어는 원하는 곡부터 바로 재생시킬 수도 있지만 고장이 나면 한 음절이나 두 음절만 계속해서 반복된다. 그래서 알아들을 수도 없는 말더듬이 같은 소리를 낸다.

나는 이번 전략의 제목을 약간 분석적인 투로 '불변의 대답'이라고 붙이려다, 꼭 미로 속의 쥐처럼 답답한 분위기가 풍기기에 그만두었다. 그냥 단순하게 '반복'이라고 하자니 또 너무 따분한 것 같았다. 그렇게 해서 지금 당신이 읽고 있는 '고장 난 레코드처럼……'이라는 예스러운 제목이 탄생하게 된 것이다. 사실 개념 자체는 무척 간단해서 다음과 같은 한 문장으로도 설명할 수 있다.

"당신의 요구가 관철될 때까지, 몇 번이고 계속 반복하라."

사실 위 문장에서 쉼표는 필요 없지만, 읽는 속도를 늦춰서 개념을 좀더 복잡해 보이도록 하기 위해 붙인 것이다. '몇 번이고 계속해서'라는 표현 자체에 반복의 의미가 담겨 있으므로 이 역시 필요 없는 표현이다. 또 '반복하라'는 말에 뭔가를 계속 되풀이한다는 뜻이 내포되어 있기도 하다.

이번 전략의 나머지 부분은 계속해서 같은 말을 되풀이하고 장황히 설명하면서 그에 대한 예문으로 채워져 있으므로, 이미 충분히 이해되었다면 다음 장으로 바로 넘어가도 좋다. 다 끝난 이야기라서 별 흥미가 없을 것 같아도 계속 읽고 싶다면 다음 사례를 읽어보자.

클레어는 근처에 있는 할인점에서 믹서기를 하나 사고 싶었다. 마침 '하나를 사면 또 하나가 공짜'라는 행사도 벌어지고 있었다. 그래서 그녀는 반 가격에 한 대를 살 수는 없냐고 물어보았다. 점원은 안 된다고 했지만 그걸로 끝난 것이 아니었다. 그녀는 계속 졸랐다. "저는 반 가격에 한 대만 사고 싶어요. 마찬가지잖아요." 점원은 역시 안 된다고 말하면서 같은 것이 아니라고 했다. 클레어가 말했다. "같은 거예요. 저는 반 가격에 하나를 사고 싶어요."

그녀 뒤로 줄이 길게 이어졌고 그녀는 결코 두 대를 사거나, 한 대 가격으로 한 대를 사거나, 순순히 그냥 돌아갈 것 같지 않았다. 마침내 점원은 두 손을 들며 클레어에게만 반 가격에 한 대를 팔았다.

이게 바로 고장 난 레코드 기법이다. 상대방이 나가떨어질 때까지 미친 사람처럼 똑같은 말을 계속 되풀이하면서 확고부동한 당신의 요구를 반복하는 것이다. 고장 난 레코드처럼 똑같은 소리를 계속 듣느니 당신이 원하는 대로 해주겠다고 생각할 때까지 말이다.

지금도 이 장을 읽고 있는 독자들을 위해 다시 한 번 요약한다면 다음과 같다.

"당신의 요구가 관철될 때까지 계속 반복하라."

자기 요구 관철하기

· 나의 요구를 정확히 정리한다

· 나의 요구사항을 들어줄 때까지 침착한 태도로 계속 말한다

32

상황에 맞게 자기 의견 주장하기

때에 맞춰 말하기의 강도를 조절하라

눈금이 1에서 10까지 그려진 저울로 소극적인 태도와 자기 생각을 분명히 밝히는 태도 그리고 공격적인 태도를 측정한다고 상상해보자. 만약 당신의 지수가 1에서 멈춘다면 그리 바람직하다고 볼 수는 없다. 그러나 당신은 누구에게도 해를 끼치지는 않을 사람이다. 반면에 저울이 10을 가리킨다면 당신은 더 이상 갈 곳이 없는 사람이다. 자신이 어느 정도의 위치에 있는지 정확히 파악하면 융통성을 가질 수 있게 될 것이다. 결과에 대한 책임을 기꺼이 받아들이겠다는 마음이 있는 한, 당신이 선택할 수 있는 폭은 넓다.

일단은 문제를 정확히 인식하는 것부터 시작하자.

지난 토요일에 진공청소기를 구입했는데 부품 한 가지가 아무래도 시원찮은 것 같다. 하지만 어쨌든 작동은 잘된다. 당신은 어떻게 하고 싶은가? 진공청소기 자체를 바꾸고 싶은가, 부품만 교체하고 싶은가, 아니면 아예 환불을 받고 싶은가? 어쩌면 당신은 너무 완벽하기를 바라기보다는 그냥 그대로 쓰고 싶을지도 모른다.

가끔은 소극적이거나 달관한 듯한 행동이 효과를 보이는 경우도 있다. 문제가 별로 중요하지 않거나 그냥 귀찮게 느껴진다면 이렇게 말하고 싶을 것이다. "할 수 없지. 다음에는 안 사야지", "겨우 4달러인데 뭘, 별 거 아니야" 혹은 "적어도 사람이 죽거나 하는 문제는 아니니까"라는 식이다.

그러나 문제를 그대로 내버려둘 수가 없을 것 같다면 앞에서 언급한 '태도 저울'의 눈금을 좀더 올려보자. 방법은 다음과 같다.

우선 누구에게 도움을 청할지 결정한다. 그들에게 당신의 문제를 설명할 때는 절대 자신의 안 좋은 감정을 노출시켜서는 안 된다. 감정을 자제하면서 차분하고 분명하게 이야기한다. 아무리 화가 많이 났더라도 소리를 질러서는 안 된다. 속으로 계속 목표를 생각하자. 당신의 감정을 표출하는 것이 목표라면 TV에 대고 마음껏 소리를 지르는 것으로 충분하다. 누군가 당신의 문제를 해결해주었으면 하는 것이 목표라면 좋은 태도를 보여야 한다.

당신이 말을 듣는 사람들이 당신에게 직접적으로 해를 끼치지 않은 사람들이라면 "당신 잘못이 아니라는 걸 알아요"라거나 "제가 어떻게 하면 좋겠어요?", "당신이라면 어떻게 할 것 같아요?"라고 말함으로써 동정심을 자극할 수도 있다.

만약 그들이 고객상담원이라면 불편을 해결해달라고 부탁하면 된다. 성질을 부리거나 무분별하게 행동해서는 안 된다. 그랬다가는 상대방이 모두 일치단결해서 아예 아무 말도 들으려 하지 않기 때문이다. 그리고 당신이 손을 뻗지 못하도록 하는 것이 그들의 목표가 되어버린다.

문제를 여러 번 설명해야 할지라도 늘 차분하고 침착한 태도를 유지해야 한다. 당신은 다섯 명을 거치는 동안 다섯 번을 말했어도 상대방은 모두 처음 듣는 내용이라는 것을 명심하자. 사정을 다 듣고 나서 자기는 도와주지 못하겠다고 하면 정중하면서도 떳떳한 태도로 그럼 누구에게 부탁해야 하는지 물어보자. 마침내 책임자급의 사람을 만나게 될 때쯤이면 그때까지 보여준 이성적인 태도로 말미암아 당신이 원하는 내용을 그들도 충분히 이해하게 될 것이다. 물론 정말 끈질기고 악착같은 모습을 보여주기도 했지만 말이다.

이렇게까지 했는데도 당신의 요구가 받아들여지지 않는다면 판을 접고 중단해버리거나 더욱 공격적인 목표를 향해 눈금을 올려야 한다.

"이런 식으로 하면 다시는 이 가게를 이용하지 않겠어요. 이웃들에게도 알리면 기분이 더 좋아질 것 같군요. 제 친구가 결혼 피로연 때 이 가게 물건을 쓸 거라고 했는데, 안됐네요."

또는 "이봐요, 끊지 않고 기다릴 테니까 소비자보호원 전화번호 좀 찾아봐줄래요?", "담당자 분 성함 좀 알려주시겠어요? 변호사한테 보낼 서류에 담당자 이름을 정확히 쓰고 싶거든요"라고 말하는 것이다. 물론 이보다 훨씬 더 공격적으로 행동해도 된다. 대신 얼굴에 미소를 띠고 있으면 더 좋다.

> **상황에 맞게 자기 의견 주장하기**
> · 내가 피해를 봤다면, 누구에게 도움을 요청할지 생각해본다
> · 문제를 설명할 때는 좋은 태도를 보인다
> · 좋은 태도를 보였음에도 일이 원활히 해결되지 않을 때엔 더욱 강하게 나간다

33

생각을 정리할 시간 벌기

서둘러 결정하거나 대답하지 마라

인생은 온통 중단의 연속이다.

"스폰서와 잠깐 얘기 좀 하고 돌아오겠습니다"

"본 법정은 한 시간 동안 휴정하겠습니다."

"우리 회사는 네 시간마다 15분씩 휴식 시간을 갖기로 정해져
있습니다."

"점수는 2대 0, 이제 전반전을 마치고 잠시 휴식 시간으로 접
어들었습니다."

뭔가를 하다가 중단하는 것은 자연스럽고 정상적인 현상이며,
특히 어떤 의견이나 결정을 내리기 전에는 반드시 거쳐야 할 과정
이다. 상대방은 지금 당장 당신의 의견이 듣고 싶겠지만 당신에게

는 생각을 정리할 시간이 필요하기 때문이다. 만약 당신이 쉽게 당황하는 편이라면 지극히 단순한 질문에도 당황할 수 있다.

"점심 주문을 받겠습니다. 다섯 분이 피자를 드시면 치즈스틱은 공짜입니다. 자, 뭐로 하시겠습니까?"

그러나 인생을 살다 보면 상황들이 그리 간단하지만은 않다는 것을 알게 될 것이다. 때로는 각자 자기편이 되어주길 바라는 서너 명의 친구들에게 둘러싸여 오도 가도 못할 때도 있다.

"그래서 내가 세라한테 말했지. 멜러니를 못살게 구는 게 그 애라고 생각했거든. 그런데 자기는 안 그랬다는 거야. 애나는 세라 말이 맞대. 하지만 넌 내 말이 옳다고 생각하지, 그렇지?"

또 가끔 의욕이 지나치게 앞선 판매원을 만나게 되면 당신은 아마 이런 식의 말을 듣게 될 것이다.

"전부 다 계산해드릴게요. 서류 작성부터 시작하시죠. 배송은 월요일까지 해드리겠습니다. 신용카드 좀 주시겠어요? 할부는 장기로 해드리는 편이 좋겠죠?"

이러한 상황에서 생각할 시간을 갖는 데도 전략이 필요하며, 다음 몇 가지 단계가 있다.

그냥 잠시 말을 멈춘다

아마 1, 2초 정도면 생각을 정리하기에 충분할 것이다. 숨을 깊게 들이쉬며 이렇게 말하자. "미안합니다. 뭐라고 하셨죠?" 상대방이 질문을 되풀이하는 동안 대답을 준비한다. "저는 피자를 좋아하지 않아요. 스파게티로 하겠어요."

아주 잠깐 생각할 시간이 필요할 때는 "그러면……"이나 "어……", "음……" 정도면 충분하다.

상대방의 말을 반복한다

상대방이 여전히 바로 앞에 서 있을 때 취할 수 있는 방법이다. 다시 말하지만, 당신의 목표는 대답하기 전에 잠시 생각을 정리할 시간을 버는 것이다. 결정을 내리기 전에 질문을 확실히 이해하고 싶은 것처럼 상대방이 한 말을 그대로 반복한다. 분명 점심 메뉴를 결정할 때보다는 좀더 심각한 상황에 해당될 것이다. "좀더 분명히 말씀해주시겠어요?"라든가, "내가 들은 내용이 정확하다면 당신이 원하는 건……", "그럼 바로 이런 말이군요……" 같은 식이다.

'타임아웃'을 활용한다

당신의 대답에 대한 상대방의 반응이 보고 싶지 않거나, 아직 자기 생각을 분명히 알 수 없어서 당장 대답하고 싶지 않을 때 사용하는 방법이다. 이럴 때는(사실이 아니라는 것을 뻔히 알면서도) 다음과 같이 말한다.

"당신은 인내심이 많은 사람이라고 알고 있어요. 그러니까 좀

더 생각할 시간을 주세요."

"당신은 제가 여러 가지 안들을 충분히 고려하기를 바랄 거라고 생각합니다. 제 생각도 같습니다."

"저한테 물어봐주셔서 감사합니다. 생각해본 후 다시 오겠습니다."

"좀더 둘러보고 올게요."

상대방에게 생각할 여유도 주지 않고 자기 말만 떠들어대는 판매원들에게는 그들이 입을 열기 전에 먼저 이렇게 말하자. "미리 말하지만 오늘은 아무것도 안 살 거예요."

생각을 정리할 시간 벌기
· 스스로 잠시 말을 멈춘다
· 상대방의 말을 반복하거나, 되풀이하여 확인해본다
· 곧바로 대답을 하지 않고, '잠시 후' 또는 '다음'을 기약한다

당신의 영화를 상영하라

당신은 자신의 인생이 한 편의 영화처럼 펼쳐질 것이라고 생각하는가? 자신의 생각들이 해설자의 목소리로 화면에 등장하고, 늦은 밤 수백만 명의 시청자들은 당신이 출연한 영화의 한 장면을 보기 위해 두근거리는 가슴을 안고 잠도 못 이룬다. 또는 유명 엠씨가 진행하는 심야 토크쇼에 출연해 재치 있는 입담을 선사하는 자신의 모습을 상상해보라.

어쩌면 당신은 좀더 실현 가능한 상상을 하고 있을지도 모른다. 자신의 인생을 연극이나 소설, 혹은 일간지에 실린 하나의 기사처럼 생각하는 것이다. 여기서 말하고 싶은 것은, 우리는 모두 각각 자기 이야기의 주인공이라는 사실이다.

우리에게는 늘 하고 싶은 이야기들이 있다. 아이들, 직장, 최근에 받은 수술, 예수나 부처 등의 종교 이야기 그리고 자주 가는 레스토랑의 매너 만점의 웨이터를 포함해서 말이다.

문제는, TV 토크쇼는 모두 진짜 유명인사들의 출연 계획이 빽빽이 잡혀 있다는 것이다. 그래서 우리처럼 평범한 사람들은 우리만 알고 있는 특별한 이야기들을 친구나 가족, 혹은 그저 안면이 있는 사람들과 함께 나누어야 한다. 그 사람들은 인터뷰 기술도 엉망이고 내 이야기를 이끌어내기보다는 자기 이야기만 떠들어대는 데 급급한 사람들인데 말이다.

주목받는 법을 배우고 싶다면 심야 토크쇼를 한번 보라. 갖가지 농담이나 유머, 연예계의 가십거리들이 난무하는 와중에도 베테랑 영화배우들은 앞으로 개봉할 자신의 영화를 세 차례 이상 언급하면서 끊임없이 자신들의 잇속을 챙긴다. 그들이 어떤 식으로 하던가?

다음은 톰 행크스나 줄리아 로버츠처럼 멋지게 주목받을 수 있는 세 가지 비결이다.

관심을 끌 만한 것들을 보여주거나 흥미를 유발시킨다

외출할 때는 항상 새로 태어난 조카의 사진이나 직접 뜬 목도리, 외국 여행에서 사온 인형 등을 갖고 나간다.

유럽 여행 때 구입한 명품 스카프, 유명 로고가 새겨진 장식

단추 등을 착용한다. 누군가 당신의 옷차림에 관해 이야기를 하면 이제 말문을 열어도 좋다는 신호다.

"들어보세요, 정말 재밌는 이야기예요"

누군가 당신에게 어떤 일을 물어보면 이렇게 이야기하자. 사람들은 누구나 재미있는 이야기를 좋아한다. 또 그런 이야기는 대부분 짧게 끝나기 때문에 기꺼이 듣고 싶어하고, 웃어야 할 타이밍을 놓치지 않기 위해 비교적 인내심을 갖고 기다린다. 사실 웃음이 터질 때까지 기다릴 필요도 없다. 그 전에 누군가가 분명 끼어들게 되어 있기 때문이다('비교적' 인내심을 갖는다고 하지 않았던가!).

돌발 행동을 한다

〈데이비드 레터맨 쇼〉에 게스트로 출연한 드루 배리모어가 사회자에게 가슴을 보여주었던 사건은 이제 하나의 전설이 되었다. 물론 당신은 그렇게까지 할 필요는 없다. 하지만 이 깜찍한 금발의 배우는 이미 다 알고 그렇게 한 것이다. 자신을 대담하게 노출시키는 것만큼 주위 시선을 끄는 것은 없다는 것을 말이다.

앞으로 누가 "별일 없으세요?" 하고 물으면, "네, 별일 없어요. 늘 집안일로 바쁘죠, 뭐"라는 흔한 대답은 하지 말자. 대신

이런 말을 덧붙여서 허풍을 한번 떨어보자.

"내게 너무 집착하는 남자친구를 피하려고 일부러 회사일에 매달리니까 일도 많고 정말 힘드네요."

이렇게 말하면 힘든 업무에 대한 불평도 할 수 있고 당신이 얼마나 피곤한지 알릴 수도 있는 한편, 남자친구와의 연애사를 들먹여 듣는 사람을 심리적으로 자극할 수도 있다. 게다가 당신도 은근히 섹시하다는 것을 돌려서 표현할 수도 있고 말이다.

주목받기 위한 전략
· 사람들의 관심을 끌 만한 것들을 갖고 다닌다
· 흥미를 유발시킨다
· 재미있는 이야기로 주의를 환기시킨다
· 남들이 예상하지 못하는 돌발 행동을 한다

35

타협의 기술 익히기
4단계의 원리를 지켜라

상황에 따라 자기 생각을 적절히 표현하는 능력은 대단한 것이다. 자신의 생각과 감정, 바람 등을 분명히 말하면 원하는 것을 얻는 동시에 만족감도 느낄 수 있기 때문이다.

만화를 그리면서 스케이트보드를 즐겨 타는 벤은 꼭 28세의 나이 든 피터팬 같았다. 그의 여자친구 로즈는 X세대들의 괴상한 생활방식에 진절머리가 났다. 벤의 몸에 새겨진 해골 문신도 지우고 싶고 배꼽에 단 피어싱도 떼어내고 싶었다. 또 벤이 떳떳한 직업을 갖길 바랐고, 결혼해서 돈을 모아 집도 사고 싶었다. 로즈가 자신의 생각과 기분, 희망을 솔직히 이야기하자 심한 충격을 받은 벤은 옛 애인인 루시에게 돌아가버렸다.

이렇게 자기 생각을 표현하는 것만으로는 충분하지 않다. 세상은 당신이 생각하는 것과는 다른 것을 바라는 사람들로 가득하며, 당신처럼 자기 뜻을 표현할 줄 아는 사람들은 그중 일부에 불과하다. 그들이 원하는 것은 바로 타협이다. 자기 생각을 명확히 표현하는 것은 타협하는 기술의 첫 단계에 지나지 않는다.

중도의 길, 즉 완벽한 타협을 추구하려면 다음과 같은 간단한 규칙들을 따르면 된다.

- 문제를 설명한다.
- 당신의 생각을 제안한다.
- 반대 의견을 이끌어낸다.
- 합의점에 도달한다.

물론, 그렇게 간단하지만은 않다. 상대방의 화를 돋우지 않으면서 문제를 설명하기란 무척 어려운 일이며, 당신과 상대방 모두 각자의 요구와 바람이 합당한 것이라고 주장하면 곧바로 의견 충돌로 이어질 수도 있기 때문이다.

자신의 의견을 큰 소리로 말하는 것은 사실 좋은 일이다. 그런데 당신과 상대방 모두 타협점을 찾기 위해 고심하고 있다면, 두 사람 모두에게 득이 되는 윈윈 해결법을 택해야 원하는 것을 조금이라도 많이 얻을 수 있다. 로즈는 벤과 길지도 않은 몇 마디 말을 주고받으면서 바로 이 원리를 놓쳤던 것이다.

우리는 이 책에서 자신의 생각을 전하는 방법에 관해 수도 없이 언급했다. 남을 탓하거나 욕하지 않으면서 자신의 생각과 감정, 바람을 정확히 표현하라고 말이다. 로즈가 잘한 것은 바로 이 부분이었다. 하지만 그럴 경우 가장 원하지 않았던 방향으로 문제가 해결될 수도 있다는 것을 당신은 늘 염두에 두어야 한다. 그렇지만 최악의 성과라도 아무것도 얻지 못하는 것보다는 낫다고 생각하자. 로즈는 이런 생각을 하지 못했다. 그래서 그녀가 벤에게 했던 제안은 꼭 최후통첩을 하는 것처럼 전달되었고, 이에 겁을 집어먹은 벤은 아무 생각 없이 멍하게 사는 루시의 품으로 숨은 것이다.

여기까지 잘해왔다면, 반대 의견은 비교적 자연스럽게 이끌어 낼 수 있다. 합의점에 도달하기란 무척 힘든 일이며 대개 두 사람의 의견이 몇 차례씩 오가야 합의점을 이끌어낼 수 있다. 이 과정에서 두 사람 모두 자신들이 진정으로 바라는 것은 무엇이고 양보할 수 있는 것은 무엇인지 분명히 파악하기 위해 더욱 깊이 파고들기 때문이다.

로즈와 벤은 결국 다시 연인 사이로 되돌아갔다. 그때는 둘 다 진정된 상태였고 타협할 생각도 할 수 있었다. 합의 내용에는 벤이 스케이트 가게에서 일하는 것 말고 다른 직업을 가져야 한다는 것도 포함되었다. 벤은 한 걸음 물러서며 양보했고 결혼에 앞서 약혼을 고려해보기로 뜻을 모았다. 벤은 문신을 없애지 않는 대신 긴 소매 옷을 입기로 했고, 집을 갖기 위한 첫걸음으로 아파트 청소 일을 돕자는 데 동의했다. 모든 일이 로즈가 바라는 만큼 빨리 진행되지는 않았지만, 적어도 두 사람 모두 옳은 방향으로 나아갈 수는 있게 되었다.

타협의 기술 익히기
· 상대에게 문제점을 설명하고, 나의 생각을 제시한다
· 반대 의견에 부딪히더라도 서로 의견 교환을 멈추지 않는다
· 서로 바라는 것과 양보할 수 있는 것을 조율하여 타협한다

36

감정 통제하기

자신에게 타임아웃을 외쳐라

　　　　　　　　　자신의 의사를 표현할 수 없을 만큼 화가 많이 났더라도 절대 공격적으로 행동해서는 안 된다. 이럴 때는 '타임아웃'을 활용하자.

　가브리엘라는 아들 미키 때문에 미칠 지경이었다. 미키는 이제 다섯 살이었지만 어떻게 하면 엄마를 화나게 하는지 알고 있는 것 같았다. 개를 못살게 괴롭혀 발작을 일으키게 만들었고, 항아리나 냄비로 탑을 쌓다가 우르르 쓰러뜨리기도 했으며, 문을 너무 세게 닫아서 문에 달린 유리창을 깨버리기도 했다. 마치 엄마의 가슴에 '누르면 터져요'라고 쓰인 커다란 붉은색 버튼이 달려 있고, 하루에 서너 번은 꼭 그 버튼을 눌러야 한다고 생각하는 아이 같았다.

가브리엘라는 잡지에서 읽은 대로 미키를 욕실에 '타임아웃' 시키기로 했다. 하지만 아이를 그곳에 가만히 앉아 있게 하는 것조차 너무 힘이 들었다. 결국 그녀는 문을 박차고 나와 이방 저 방 돌아다니며 소리를 질러댔고, 미키에게 고약하고 버릇없고 아주 못돼먹은 아이라며 심한 말을 퍼부었다.

'타임아웃'이 필요한 사람은 바로 가브리엘라였다. 그녀는 정말 미키를 가두어버렸다. 그녀를 진료한 의사는, 혼란스런 정신 상태와 시끄러운 소음 때문에 그런 엄청난 분노가 유발되었다는 것을 그녀에게 이해시켜주었고, 자상하고 똑 부러진 엄마에서 공격적이고 사나운 엄마로 급변하게 된 계기도 거기에 있다고 알려주었다.

가브리엘라는 짜증이 나기 시작할 때부터 미리 조심해서, 화가 너무 많이 나는 것을 막기로 했다. 그 다음에는 스스로 자신을 '타임아웃' 시켰다. 그녀는 욕실이나 침실에 들어가 문을 닫고 잠시 시간을 가지며 마음을 진정시켰다. 그리고 자기 자신에게 이렇게 말했다.

"미키는 이제 겨우 다섯 살이다. 다섯 살짜리 아이는 원래 시끄럽고 산만한 게 정상이다. 날 화나게 하려고 그러는 게 아니다. 나는 차분하게 행동할 수 있다."

그런 다음 마음이 진정되면 스스로 '타임아웃'을 풀었다. 그리고 미키에게 소리를 지르거나 험한 말을 퍼붓는 대신 좀더 조용한 놀이를 해보라고 침착하게 말했다.

당신을 폭발하게 만드는 것은 무엇인가? 가족들을 들먹이면서, 무능력하다고 비꼬면서, 둔하고 이기적이고 바보 같다고 비웃으면서 당신을 깎아내리려고 하는 사람은 누구인가? 무엇이 당신의 가슴속에 묻어둔 화약고에 불을 지피는가? 순식간에 당신을 격분하게 만드는 두세 가지 원인들을 찾아보자. 그리고 다음에 또 그런 일이 생기면 스스로 자신을 '타임아웃' 시키자고 마음의 준비를 하자.

필요하다면, 화를 내게 하는 상대에게 "나는 타임아웃이 필요해. 잠시 후에 돌아올게"라고 말하고는 정말로 폭발해버리기 전에 그 자리를 떠나야 한다. '타임아웃' 하기에 가장 좋은 장소는 욕실이나 침실, 뒤뜰, 현관 앞처럼 다른 사람의 방해를 받지 않을 만한 조용한 곳이다. 5분 정도 시간을 갖고 차분해질 수 있다면 어느 곳이든 상관없다.

'타임아웃'을 할 때는 몇 가지 생각들을 소리 내어 말하면서 화날 때 쏟아지는 말들을 참아내야 한다.

- 화는 아무런 도움도 되지 않는다.
- 나는 흥분을 가라앉혀야 한다.
- 나는 소란을 피우지 않고 더욱 현명하게 행동할 수 있다.

- 공격적이지 않으면서 내 생각을 분명히 표현하려면 어떻게 해야 할까?
- 나는 내 감정을 조절할 수 있다.

너무 화가 나서 자기 생각을 똑바로 전하지 못할 때 자신을 '타임아웃' 시키면, 나중에 반드시 후회하게 될 공격적인 돌출 행위를 막을 수 있다. 그러므로 화가 날 때는 마음을 진정시켜서 생각을 명확히 정리한 다음, 감정을 통제할 수 있는 상태에서 다시 상황에 임하도록 하자.

감정 통제하기
· 나의 감정을 폭발하게 만드는 원인들을 찾는다
· 감정이 폭발할 것 같은 순간이 되면 나 스스로를 '타임아웃' 시킨다
· 타임아웃에 임하는 동안 마음을 다잡을 수 있는 생각들을 떠올려본다

37

괴상한 사람 상대하기
먼저 위험한 사람인지 파악하라

어떤 모임에서 처음 만나 이야기를 나눌 때, 그는 지극히 정상적인 사람처럼 보였다. 그래서 당신은 커피나 함께 마시자는 그의 제안을 들었을 때, 흔쾌히 그러자고 말했던 것이다. 그러나 지금 당신은 뜨거운 커피에 입술까지 데면서 어떻게든 이 자리에서 빨리 일어서려고 안달이다. 지금 그 남자는, 자신은 신이 보낸 사람이며 돌연변이들을 추적해서 죽이라는 사명을 수행하고 있다고 떠들고 있다. 그동안 당신은 왼발에 신겨진 샌들을 오른발로 살짝 벗겨 테이블 밑으로 저만치 휙 날려버린다.

괴상한 사람들은 묘한 매력을 발산하기도 하지만 위험하기도 하다. 재미있는 사람들은 남들과 다르기 때문에 흥미롭다. 괴상한 사람들 역시 남들과 다르다는 특징을 갖고 있기 때문에 때로는 두 유형의 사람들을 구분하기 힘들 때도 있다.

대화가 '우와~' 소리가 나는 차원으로 접어들면, 다음 두 가지 사항을 생각해보자.

- 이 괴상한 사람의 이야기는 재미있는가, 따분한가?
- 이 사람과 함께 있는 것은 안전할까, 위험할까?

	재미있다	따분하다
안전하다 위험하다	그대로 있는다 조심한다	화제를 바꾼다 자리를 뜬다

괴상하지만 재미있기도 하고 안전하게 느껴지면

그대로 있으면서 이것저것 물어보자. 그래서 그 외계인이 또 뭐라던가요? 마돈나가 정말 당신한테 자기 브래지어를 가지라고 했어요? 그럼 그 뱀들의 독은 어떻게 뽑았어요? 당신 몸에 수신되는 전파는 AM이에요, FM이에요?

이야기가 따분하긴 하지만 안전한 것 같다면

부드럽게 화제를 바꾼다. 아마 별 소용이 없겠지만 예의상 시도나 해본다. 그 다음에는 아래 '자리를 뜬다' 부분을 고려하라.

이야기가 재미있기는 하지만 위험한 것 같다면

기묘한 사람들이 내뿜는 치명적인 매력에 빠지지 않도록 조심해야 한다. 이야기가 너무 재미있기 때문에 계속 머물면서 자꾸 더 듣고 싶어진다. 그러다 어느 순간 정신을 차려보면 알루미늄 호일로 만든 관이 머리에 씌워져 있고 거의 전라의 상태에서 여러 가지 포즈를 취하며 카메라 앞에 서 있을지도 모른다. 이런 사람과 함께 있을 때는 늘 사람이 많은 장소를 택하고 어떤 신호도 보내서는 안 된다. 그들의 수법을 알고 있지 않은가? TV 공포물의 순진한 희생자들이 꼭 취했어야 할 행동을 그대로 취하면 된다.

위험한 것 같기도 하고 이야기도 따분하다면

예의나 인사치레 따위는 무시하고 자리를 떠도 된다. 당장 일어서서 이렇게 말하자. "아기 울음소리가 들려요"라든가 "엄마 집에 불이 났어요"라고 말이다. 그리고 즉시 자리를 뜬다.

38

분명하게 자아 인식하기

너 자신을 알라

'너 자신을 알라' 하면 '또 뻔한 얘기 구나' 라고 생각할지 모르지만, 의외로 많은 사람들이 자신에 대해 잘 모르고 있다. 심지어 자기가 초록색을 좋아하는지 푸른색을 좋아하는지, 초콜릿 아이스크림을 좋아하는지 바닐라 아이스크림을 좋아하는지조차 모른다.

가족의 기능을 상실해가고 있는 일부 가정에서는 자녀들이 자아 인식 능력을 키울 수 있도록 돕기는커녕, 때로는 부모가 먼저 자기 아이들을 깎아내리고 아예 과소평가해버리는 경우도 있다. 또 남의 일에 사사건건 끼어들어서 모든 것을 자기 뜻대로 해야 직성이 풀리는 사람들도 있다.

"너, 그 셔츠 안 입을 거지? 칙칙해 보인단 말이야."

"언니, 화 안 났지? 그렇지? 그럴 리가 없지. 속 좁게!"

"저뿐만 아니라 우리 가족 모두 그렇게 생각하지 않습니다, 선생님."

자아 인식 능력이 부족하면 삶이 혼란스러워질 수도 있고 자기 의사를 표현하는 능력도 떨어지게 된다. 자신이 무엇을 바라는지 도저히 모를 때 당신은 어떻게 자기 의사를 표현하는가?

어렸을 때 커크는 토요일마다 아빠와 함께 심부름 가는 것을 몹시 기다리곤 했다. 한번은 아빠가 그를 '캐플런 빵집'이라는 곳에 데려간 적이 있었다. 먹고 싶은 것을 마음대로 골라보라는 아빠의 말에, 커크는 쿠키와 보스턴 크림파이, 컵케이크, 설탕을 듬뿍 묻힌 도넛들을 앞에 두고 고심하기 시작했다. 그러자 아빠가 시계를 보더니 이렇게 말했다. "서둘러라, 커크. 2시 전에는 식료품점에 가야 하니까. 자, 어서!" 왜 그랬는지, 갑자기 속이 거북해진 커크는 얼굴을 찌푸리며 아무것도 먹고 싶지 않다고 말했다. 그러자 아빠는 화를 참는 듯 숨을 가늘게 내쉬더니 젤리가 들어 있는 도넛 한 개를 사주었다. 차 안에서 커크가 도넛을 먹지 않고 가방에 넣어버리자 아빠는 "그만 기분 풀어라" 하고 말씀하셨다. 그 일 이후 빵집 앞을 지날 때마다 커크는 묘한 기분이 들곤 했다.

자기가 무엇을 원하는지 모르는 이유는 여러 가지다. 어쩌면 정답이 하나라고 생각하고 옳은 답만 찾으려 했기 때문일 수도 있고, 누군가 당신의 생각을 먼저 말했기 때문일 수도 있으며, 때로는 당신이 생각하지 못한 새로운 의견을 들었기 때문일 수도 있다. 무엇보다도 자신의 생각을 분명히 파악하는 것이 중요하다.

자신에 대해 차분히 생각해볼 여유를 갖자

어쩌면 당신은 자신의 기분을 바로바로 식별하지 못할 수도 있다. 누군가로부터 "당신은 절대 진보주의자가 될 수 없을 거야"라는 단정적인 말을 들으면 금방 머리가 아파오기도 한다. 당신에 대한 단정적인 말을 들었기 때문이 아니다. 어떤 사람이 되어야 한다고 그가 당신에게 통보하고 있기 때문에 머리가 아픈 것이다.

자신의 의견을 먼저 분명히 하자

상대방의 뜻에 동의하지는 않지만 자기 생각이 어떤지 모를 때가 있다. 이럴 때는 그 상황에서부터 시작하라. 자기 의견을 가져도 되고, 갖고 있던 생각을 바꿔도 된다고 스스로에게 허락하자. "내 생각은 좀 다른 것 같은데……"부터 시작해 "나는 동의하지 않아"라고 의견을 정한 후, 어떤 점이 당신과 맞지 않는지 생각한다.

자기 자신의 참모습을 인식하자

어떻게 바꾸고 싶은가? 지금과 다른 상황이라면 어떤 것을 원하겠는가? 현재 처한 상황만으로 자신을 평가해서는 안 된다.

다른 사람을 대하듯 자기 자신을 대하자

자기 자신과 객관적 거리를 유지한 채 새로운 관심을 갖고 친절히 대하며 자신에 대한 섣부른 판단은 잠시 미뤄두자. 자신을 더욱 분명히 파악하는 것이 지금 당신의 목표다.

만약 늘 당신을 대신해서 대답하고, 당신의 생각을 대신 말하는 사람이 있다면 이제 간단하면서도 시원하게 문제를 해결할 때다. 큰 소리로 이렇게 말하자. "저는 젤리가 든 도넛은 싫어요. 전 치즈케이크가 먹고 싶단 말이에요!"

분명하게 자아 인식하기
- 나에 대해 생각할 때는 차분히 여유를 가진다
- 상대의 뜻에 동의하는지, 아니면 다른 생각인지 나의 의견을 먼저 정한다
- 무엇을 어떻게 바꾸고 싶은지 생각해본다
- 나를 대할 때 미리 어떤 판단을 내리지 않고 객관적인 거리를 유지해서 대한다

39

자기 자신을 사랑하기

자신의 생각과 권리를
최우선으로 하라

당신이 열렬히 관심을 쏟고 있는 대상은 무엇인가? 우리는 항상 다른 사람이나 일에 대해서는 깊은 관심을 두면서 정작 자신에 대해서는 별로 신경을 쓰지 못한다.

사람들 중에는 각자의 특별한 이유들을 들어서, 남에게 자신의 시간이나 에너지, 돈을 쏟아 붓는 것을 매우 쉽게 생각하는 이들도 있다. 수학여행 갈 돈을 마련하기 위해 샌드위치를 만들어 팔러 다니는 학생도 있고, 자신의 종교만 믿으라고 야단법석을 떠는 사람들도 있다. 또 어떤 사람들은 거리에 과속 방지 턱을 설치해달라고 시청에 촉구하기 위해 수많은 사람들의 서명을 받으러 다니기도 한다.

당신은 그런 모금 활동이나 설득 기술을 집에서 활용해도 도움이 되지 않을까 생각해본 적 있는가? 멸종 위기에 처한 고래를 구하는 것과 같은 거창한 성과를 거둘 수는 없겠지만 분명 당신에게는 도움이 될 것이다. 어쩌면 당신은 지금, 이웃에서 빌려간 스패너를 돌려받고 싶거나, 룸메이트가 빌려간 화학 교과서가 제자리에 다시 꽂히기를 바라거나, 여동생이 지난 2월에 빌려간 돈을 제발 좀 갚아줬으면 하고 바라고 있을 수도 있다. 심지어 당신은 사람들이 알아서 당신에게 호의를 베풀고, 당신을 도와주고, 목적지까지 태워다주길 원하고 있을 수도 있다.

자, 그렇다면 당신이 가장 사랑하는 '당신'이 주위로부터 적극적인 지지를 받도록 하려면 어떤 기술이 필요할까?

활기 넘치는 태도를 보이자

미안해하는 듯한 모습을 보여서는 안 된다. "이런 부탁을 드려 정말 죄송하지만……" 어쩌고 하는 것은 전략적으로 아무런 도움이 되지 않는다. 그렇게 해서는 당신 집 앞 주차공간에 트럭을 주차시키려는 운전기사를 막을 수 없다. "아저씨, 안녕하세요? 시간 좀 있으세요?"라며 활달하게 말문을 여는 것이 훨씬 좋다.

당신의 요구의 충분한 이유를 먼저 밝히자

누군가에게 어떤 요구를 하기 전에는 그들이 왜 이 일에 신경을 써야 하는지, 왜 당신이 원하는 대로 해야 하는지 충분히 생각해두어야 한다.

아무리 좋은 취지의 모금 활동이라고 해도 반대하는 사람, 회피하려는 사람, 애매한 입장을 취하려는 사람은 반드시 있기 마련이다. 그러므로 당신이 선수를 쳐야 한다.

"무슨 말을 하시려는지 알아요. ……이런 말씀 하시려는 거잖아요. 그런데 저는 이렇게 생각해요."

그들에게 돌아갈 이득을 말해주자

그들이 돈을 갚거나 빌려간 공구를 돌려줘야 할 이유를 알려주는 것이다. 즉 귀찮게 따라다니며 조르던 것을 멈출 것이고, 우는 소리도 그만둘 것이고(그런 일이 없었더라도 이 약속은 효과가 매우 크다), 그 친구가 고장 낸 당신의 헤어드라이어 때문에 둘 사이의 우정을 잃을 위험도 없을 것이라고 말이다.

이렇게 하면 사람들이 당신과의 우정을 얼마나 소중히 여기고 있는지도 알아볼 수 있다. 달갑지 않은 결과도 미리 예상해두어야 한다. 당신의 제안을 거절할 어리석은 사람도 있을 수 있기 때문이다.

"이런, 정말 유감이야. 나한테 빌려간 책도 못 읽었으니 경품

으로 받은 영화티켓을 함께 사용할 시간이 없겠네." 특히 이런
말을 할 때는 진심으로 유감스럽다는 표정을 함께 지어 보인다.

옳은 결정을 내렸다고 축하해주자

상대가 당신의 의견을 따르기로 결정했다면 곧바로 격려해주
도록 한다. "난 우리가 친구라는 게 너무 좋아"라든가 "나는 이
번 일을 통해서 우리 사이의 믿음을 다시 한 번 생각해보게 됐
어"라고 말이다. 꼭 안아주는 것도 좋다. 여동생은 당신의 별난
행동에 웃긴다는 반응을 보일지도 모른다. 그럼 어떤가? 지금
당신의 손에는 빌려줬던 돈이 다시 쥐어져 있는데!

자기 자신을 사랑하기
- 너무 미안해하는 태도보다는 활기 넘치는 태도를 보이는 게 낫다
- 상대방이 왜 내 요구를 따라야 하는지 충분히 설명한다
- 내 요구를 따를 경우 상대는 어떤 혜택을 입을지 말해준다
- 나의 의견에 동조하는 상대에겐 기운을 북돋아준다

40

역할 모델 찾기

자기 의사를 적극적으로 표현하는 사람을 모방하라

당신은 이 세상에서 어떻게 행동해야 하는지, 무슨 말을 하고 어떤 일을 해야 하는지 어떻게 아는가? 우리에게는 권리와 욕구와 바람이 있으며, 이런 것들을 요구할 자격이 충분하다는 것을 어디에서 배우는가? 우리는 이러한 물음에 대한 답을 역할 모델에서 찾는다.

가장 처음 접하게 되는 역할 모델은 바로 부모님이다. 그 뒤로는 선생님이나 같은 과 친구, 회사 동료, 수영 코치 등이 또 다른 역할 모델이 된다. 좋든 나쁘든, 이들은 모두 우리에게 어떤 표시를 남긴다. 어쩌면 당신은 배우고 싶지 않거나 알고 싶지 않은 것들이라고 여겨서 바람직한 역할 모델을 놓치고 있을 수도 있다.

지니는 가족을 통해서는 자기 생각을 표현하는 법을 배울 수 없었다. 시사 문제에 관해 토론하는 법은 배웠지만, 자기를 괴롭히고 MP3플레이어를 망가뜨리는 오빠는 도대체 어떻게 해야 할지 알 수가 없었다. 그녀는 뭔가 당황스런 일이 생기면 그냥 주제를 바꾸라고 배웠기 때문에 결국 소극적인 태도를 익히게 되었다.

아리에타는 말 한마디 잘못했다가는 날아오는 재떨이에 머리를 얻어맞을 판이었다. 부엌 바닥에는 깨진 그릇들의 파편이 널려 있었고, 치울 새도 없이 계속되는 싸움에 구석에 있는 컵들에는 먼지까지 쌓여갔다. 아리에타는 사람들의 관심을 끌려면 상대방보다 더 크게 소리치는 것이 효과가 빠르다는 것을 깨달았다. 그녀는 모두가 자기를 이길 궁리만 하고 있다는 생각에 그 누구도 믿을 수 없었다.

그렇다면 소극적이거나, 공격적이거나, 적대적이거나, 비열한 역할 모델들과 오랜 세월 함께 살아온 두 사람은 그 상황들을 어떻게 헤쳐갔을까?

지니와 아리에타는 장차 어떤 사람이 되고 싶은지 충분히 생각한 다음 주위를 둘러보며 적당한 역할 모델을 찾았다.

사람들의 모습을 관찰해보자

슈퍼마켓에서 짜증 난 아이를 엄마가 어떤 식으로 다루는지,

다른 사람의 발을 밟았을 때 사람들은 어떻게 사과하는지, 친구들은 부모님께 어떻게 행동하는지 등등 주위의 모든 것에 관심을 갖자.

자기 생각을 표현하는 방법에 있어서, 자신이 남들과 다른 점을 구별하자

극장에서 안내 직원이 마치 당신은 보이지 않는다는 듯 바로 앞에서 줄을 잘라버리던가? 당신이 세운 공을 다른 동료가 가로채버렸는가? 의견을 말하는 자신의 목소리가 왠지 어색하고 기어들어가는 것처럼 들리는가? 남들은 똑같은 상황에서 어떻게 행동하는가? 당신의 역할 모델이라면 그들은 당신이 원하는 대로 이 상황들을 처리할 것 같은가? 여기서 그치지 말고 그들이 어떻게 해주면 더 좋을지 생각해보자.

다른 사람의 방법을 빌리자

그들의 동작, 몸짓, 억양까지 말이다. 배우가 되어서 연기한다는 생각으로 자기 생각을 적극적으로 표현해보자.

낸의 사촌 코니는 지루한 대화를 요리조리 잘 빠져나갔지만, 낸은 몇 시간이고 서서 상대방의 이야기를 들어주는 편이었다. 그녀는 늘 이런 생각이 들었다. "코니라면 절대 안 그럴 텐데." 언제부터인가 낸은 사촌이 어떻게 하는지 지켜보았다. 코니는 상대방의 어깨나 팔을 가볍게 치기도 하고 환하게 웃기도 하면서 "이제 이야기를 끝내야겠어요"라고 말하곤 했다.

바로 그거였다. 코니는 가봐야 한다거나 존에게 할 말이 있다거나 딸을 태우러 가야 한다거나 샌드위치를 사야 한다는 식의 그럴듯한 이유를 댔다. 그러나 낸에게는, 그 이유들보다 코니가 자기가 하고 싶은 대로 한다는 것이 더 크게 와 닿았다. 더 이상 낸은 코니만 특별하고 자신은 운이 나쁘다고 생각하지 않았다. 대신 코니를 역할 모델로 삼았다.

처음에는 잘 모르겠지만, 역할 모델을 찾아 그들을 모방하면, 당신 역시 자기만의 방식대로 당신의 의견을 표현할 수 있게 될 것이다.

> **역할 모델 찾기**
> · 자신의 생각을 적극적으로 표현하는 사람들을 자세히 관찰한다
> · 나의 표현 방식이 그들과 어떻게 다른지 살펴본다
> · 그들의 방법을 빌려 나의 상황에 적용해본다

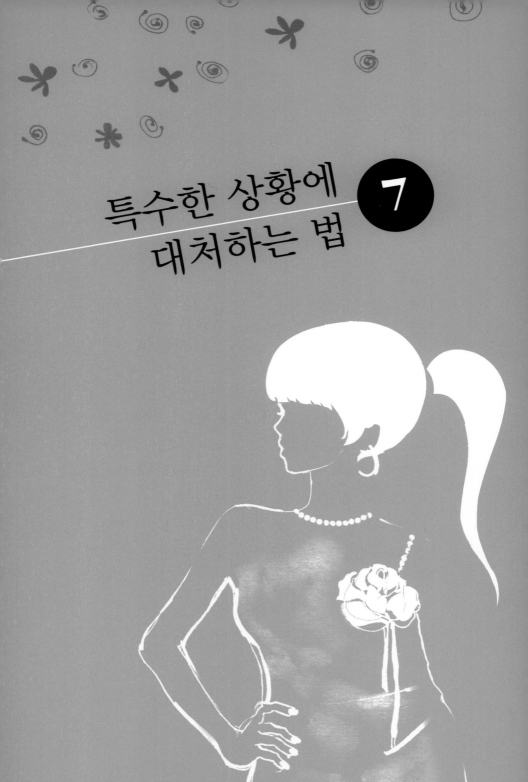

특수한 상황에 대처하는 법 7

41

호의 거절하기

달콤한 제안에는 조건이
따른다는 사실을 명심하라

자기 생각을 분명히 표현하고자 노력하는 사람들에게 무척 힘든 상황들도 있다. 자신이 세워둔 규칙을 무너뜨리려 하거나, 생각을 굽히게 만들거나, 거절할 수 없을 만큼 엄청난 호의를 제안하는 경우 등이 그렇다.

단순히 도와주겠다는 정도가 아니다. 큰 선심을 베풀거나, 돈을 빌려주거나, 가망이 없을 만큼 복잡하게 얽힌 문제로 힘들어할 때 짠 하고 나타나 꼭 필요한 도움을 주는 등 답답하게 막혔던 속을 마치 소화제처럼 뻥 뚫어주는 제안인 것이다.

"얘, 아기 보는 걱정일랑 하지 마라. 너희도 알잖니, 내가 손자들을 얼마나 사랑하는지."

"물론이지, 매일 아침마다 내가 출근시켜줄게."

"돈 걱정은 하지 마. 내가 알아서 할게. 그래야 공부에만 전념할 수 있지."

와! 정말 환상적이지 않은가? 얼마나 사려 깊은가! 그 속에 숨겨진 함정만 없다면 말이다. "돈 문제는 내가 해결해줄게. 갚을 수 있을 때 갚으면 돼"라고 하던 사람은, "난 널 도와주려고 하는데 넌 고마워하지도 않는구나"라는 말로 바뀐다. 당신이 그가 소개한 사람과 결혼하지 않으려 하거나 옆집으로 이사 오고 싶어하지 않는다는 이유로 말이다. 또 "나는 아기 보는 일이 좋아"라고 말한 사람은 자신에게 언제든 아이를 어떻게 키워야 하는지 말할 수 있는 자격이 있다고 생각한다.

그의 제안을 거절하면 이렇게 된다. "넌 날 필요로 하지 않는구나. 너 때문에 상처 받았어."

호의적인 제안을 받았을 땐 다음 몇 가지 사항을 신중히 생각해보자.

호의를 받아들인 이후의 일을 생각해보자

때로는 그 사람과의 관계를 유지하기 위해 제안을 받아들이려는 때도 있고, 거절 후에 뒤따를 엄청난 결과가 걱정되어 마지못해 결정을 내리는 때도 있을 것이다.

그렇다면 당신은 자신의 정신 건강을 포기할 각오가 충분히 되어 있다는 얘기인가? 호의를 받아들였을 때 당신이 감내해야 할 부분이 무엇인지, 또 충분히 받아들일 수 있는지 냉정하게 생각해보아야 한다.

선수를 치자

도움을 받게 되어 죄송하다며 대가로 뭔가 하겠다고 먼저 제안함으로써 그들의 계획을 방해하는 것이다.

활기 넘치는 말투로 이렇게 말하자.

"좋은 생각이 났어요! 지난주에 아이들을 잘 보살펴주셔서 제가 공부를 할 수 있었으니까 애들을 데리고 다같이 동물원에 가는 게 어때요? 언제가 좋으세요, 목요일? 토요일?"

이때는 진심으로 그렇게 하고 싶다는 뜻을 확실히 보여줘야 한다. 만약 상대방이 거절한다면 이번엔 당신이 제안을 했고 그들이 거절한 셈이 되는 것이다.

그들을 위해 제안을 거절한다는 뜻을 밝히자

그들의 호의를 받아들이면 뭔가 곤란한 문제가 생길 것 같다. 그 문제가 뭔지 말하긴 어렵지만 어쨌든 그런 이유로 거절할 수밖에 없다는 뜻을 비친다. 다음과 같은 식이다.

"그렇게 하시게 놔둘 수는 없어요. 몸도 편찮으신데, 그랬다가는 너무 힘드실 거예요. 사실 저는…… 음, 아니에요, 말씀드리지 않는 게 좋겠어요. 고맙습니다만, 그냥 이렇게 하는 게 더 좋을 것 같아요."

혼자서 해결하자

자, 이제 가장 힘든 부분이다.

누가 아무리 달콤한 제안을 하더라도 당신은 혼자 힘으로 어려움을 헤쳐가야 한다. 그게 옳다.

간섭도 심하고 본인들 뜻대로 당신을 좌지우지하려는 당신의 부모님은 차를 사주었다는 이유로 운전기사 노릇을 해달라고 요구할 권리가 있다고 생각한다.

사촌에게 심각한 돈 문제를 털어놓으며 울먹이면 재정적인 조언을 얻을 수는 있다. 그러나 때로는 호의에 뒤따른 속박을 단호히 거부할 필요가 있다.

도와주겠다는 모든 제안에는 가격표가 붙어 있다. 터무니없이 싼 것도 있지만, 의자를 사라고 50달러를 빌려주면서 이자로 1,000달러 이상을 요구하는 경우도 있다. 의자가 정말 마음에 들기는 하지만 그렇게 해서라도 꼭 사야 할 필요가 있을까?

42

고객으로서 불만 표시하기

요구사항을 구체적으로 전하라

기업들은 대부분 훌륭한 고객 서비스를 최우선의 가치로 여기지만 가끔은 서비스 정신이 부족한 기업을 상대하게 될 수도 있다. 그럴 때는 고객으로서의 입장을 분명히 전해야 한다.

문제를 말한다

과장됨 없이 사실 그대로 이야기한다.

"매장에 전시되어 있었던 스탠드처럼 제가 산 제품도 불빛이 녹색일 거라고 생각했어요. 그런데 집에 가져가서 보니 투명한 빛이더라고요."

자신의 생각을 말한다

"잘못이 제작자에게 있든, 건축가에게 있든, 하청업자들에게 있든, 전 당신이 책임져야 한다고 생각해요. 계약서에는 분명 햇빛이 새어들지 않게 한다고 되어 있으니까요."

자신의 기분을 말한다

불만을 살짝 드러내면 더 큰 효과를 얻을 수 있다.

"나 정말 화 많이 났으니까 나와 우리 가족들한테 보험금을 제일 많이 받을 수 있는 회사의 생명보험을 당신이 직접 골라주시오."

원하는 것을 말한다

"신선한 커피 좀 갖다주시고요. 맛이 간 이 케이크 값은 우리한테 청구하지 마세요."

최후통첩을 한다

기업들은 대부분 지방자치단체와 국가의 규제를 받고 있다. 그러므로 어디에 전화를 해야 할지 알고 있다면 이 방법도 한번 써볼 만하다.

"이자까지 쳐서 내 돈을 모조리 환불받지 못하면 당장 은행장(경찰서장, 시장 등)에게 불만사항을 제기하겠어요."

지치게 만든다

"당신이 이해할 수 있도록 더욱 자세히, 한 번만 더 설명해드릴게요."

팸이 자동차 정비소에서 생긴 문제를 어떻게 해결했는지 다음 대화 내용을 읽어보자.

팸 : (문제를 말한다) 차가 덜덜 떨리는 것과 자꾸 오른쪽으로 밀리는 걸 고쳐달라고 이미 1,200달러나 지불했잖아요. 흔들리는 것은 괜찮아졌지만 오른쪽으로 밀리는 건 그대로인 것 같네요.

정비사 : 말씀하신 대로 다 했는데요. 서스펜션도 새로 교체했고 볼 조인트도 손봤다고요. 앞바퀴도 살펴보고 타이어 균형까지 다 맞춰놨는데.

팸 : (자신의 생각을 말한다) 그런 것들을 해달라고 따로 부탁한 적 없어요. 차가 오른쪽으로 밀리는 것을 고쳐달라고 했죠. 당신은 철저하지 못한 분이거나 아니면 문제를 정확히 파악하지 못했나 보군요.

정비사 : 전 10년 동안 현장에서 일했어요. 이렇게 간단한 문제는 식은 죽 먹기예요.

팸 : (자신의 기분을 말한다) 그럼 그리 간단한 문제가 아닌

모양이죠. 이 정비소에서 꼭 저를 벗겨먹은 것 같은 기분이 드네요. 그렇게 많은 돈을 내고 이틀 동안 차도 없이 다녔는데 오늘 와서 보니 겁이 나서 차를 몰 수가 없잖아요.

정비사 : 저는 더 이상 할 말 없습니다.

팸 : (원하는 것을 말한다) 더 들을 얘기도 없어요. 제 차를 다시 가져가세요. 그리고 다 고쳐놓을 때까지 제가 타고 다닐 차도 마련해주시고요.

정비사 : 빌려드릴 차가 없는데요.

팸 : 그럼 저쪽에 주차돼 있는 차는 뭐죠?

정비사 : 그건 제 차예요.

팸 : (최후통첩을 한다) 잘됐네요. 그걸 타겠어요. 제 차는 당신이 타고 다니세요. 다 고칠 때까지 말이에요. 만약 고쳐놓지 못하면 여기 솜씨가 얼마나 형편없는지 사람들에게 말하고 다니겠어요.

정비사 : 알았어요. 알았다고요. 제 차를 타고 가세요. 오후 5시까지는 고쳐보도록 할게요.

43

상황에 따라 침묵하기

곤란한 질문엔 답하지 마라

'침묵은 금이다'라는 말이 있다. 셀레나에게는 침묵이 은도 되고 백금도 되고 다이아몬드도 되었다. 그녀는 자신이 자원봉사 일을 하는 시내의 한 보호소에서 청소년들과 직접 인터뷰한 내용을 바탕으로, 가출한 10대들과 마약에 관한 기사를 학교 신문에 실은 적이 있었다.

그 후 그녀는 사회복지사와 경찰관, 가출한 두 학생의 가족으로부터 만나자는 연락과 함께 좀더 자세한 내용을 알려달라는 부탁을 받았다. 비밀을 보장해주기로 하고 청소년들에게서 얘기를 들은 것인데, 사회복지사는 청소년들을 돕기 위해, 경찰은 체포하기 위해, 부모들은 자식을 찾고 싶어 그녀를 만나고자 한 것이다. 셀레나는 적당한 평계를 둘러대 사회복지사를 피했으며, 경찰관은 의도적으로 만나지 않았고, 한 가족에게는 자신이 만난 학생은 그들이 찾는 아이가 아니라고 말했다.

그러나 셀레나는 실수를 하고 말았다. 다른 가족의 어머니가 가출한 딸 때문에 힘들어하는 모습이 너무나 안쓰러워서 어디에 가면 딸을 찾을 수 있는지 살짝 귀띔해주었던 것이다. 몇 주 후 셀레나는 그 소녀가 어머니의 새 애인에게 심하게 폭행당했다는 소식을 들었다.

때에 따라서는 아무 말도 하지 않는 것이 가장 완벽한 대답이다. 그러나 사람들은 이 사실을 너무 쉽게 잊는다. 당신에게는 자기 생각을 남에게 털어놓지 않을 권리가 있다. 굳이 대답하지 않아도 될 질문들도 많고, 같은 질문이라도 묻는 사람에 따라 그 대답이 달라진다.

"성병에 걸린 적이 있는가?"라는 질문을 예로 들어보자. 묻는 사람이 산부인과 의사인지, 새로 사귄 애인인지, 제일 친한 친구인지, 그냥 인사만 하고 지내는 사람인지, 처음 만난 사람인지에 따라 대답이 달라지지 않겠는가?

말로 대답하기에는 너무 무안하거나 불쾌하거나, 위험하거나 불리할 수 있고, 또 당신이나 당신과 연관된 사람의 체면이 손상될 수도 있을 때는 침묵을 지킬 권리가 있다.

바로 다음과 같은 사람들에겐 대답할 필요가 없다.

- "당신은 지금도 아이들을 때리세요?" 같은 이상한 질문을 하는 사람 또는 주제넘는 질문을 하는 사람
- 길 가다 갑자기 다가와 말을 거는 사람
- 자제할 수 없을 만큼 당신을 화나게 한 사람 또는 당신이 무슨 말을 해도 듣지 않을 만큼 당신에게 화가 난 사람
- 음란 전화를 하는 정신 나간 사람이나 스토커
- 당신이 기소 중인 사건에 관해 묻는 사람 또는 당신에 대해 접근 금지 명령을 받은 사람
- 범인을 체포 중인 경찰관이나 기자
- 당신이 지키기로 약속한 비밀을 자꾸 캐묻는 사람

다음은 대답을 피하는 방법이다.

- 고개를 숙여 눈을 마주치지 않거나 그냥 외면한다.
- 얼마간의 거리를 유지한다. 가능하면 그 자리를 뜨고, 그럴 수 없다면 등이라도 돌린다.
- 앉아 있다면, 팔짱을 끼거나 다리를 꼰 채 고개를 숙이고 말하고 싶지 않다는 태도를 취한다.
- 꼭 말을 해야 할 상황이라면 "할 말 없습니다"라든가 "그 얘기는 하고 싶지 않아요"라고 말한다.
- "할 말 없다"는 말 이상의 대답을 강요받으면, 상황에 도움

이 될 만한 말이 전혀 생각나지 않아서 아예 말을 하지 않기로 결정했다고 말한다.

상황에 따라 침묵하기
· 내게는 내 생각을 털어놓지 않을 권리가 있다
· 같은 질문이라도 상황이나 질문자에 따라 다른 대답을 할 수 있다

44

칭찬 받아들이기

미소 띤 얼굴로 고맙다고 말하라

칭찬을 받아들이는 것은 단호한 행동 방식에 어긋난다고 생각할 수도 있다. 그러나 적극적으로 자기주장을 펼치는 것은 자신을 표현하는 것이며, 칭찬을 받아들이는 것도 그중 일부에 속한다. 사람들이 당신에게 건네는 친절한 말을 받아들이지 않고 거부하면 어떻게 될까?

당신은 아마 다음과 같은 생각은 한 번도 해보지 않았을 것이다. '칭찬을 피하기 위해 열심히 노력하면 기껏 칭찬을 해준 사람은 어떻게 될까?'

칭찬에 따른 부러운 시선을 피하느라 허둥대는 모습을 보이면, 상대방은 자신이 내민 '언어의 선물'을 당신이 무시한다고

생각하고 실망하거나, 심한 경우 마음의 상처를 받을 수도 있다.

진심에서 우러나온 칭찬은 상대방과 새로운 관계를 형성할 수 있는 한 가지 방법이다. 그러므로 칭찬을 거부하는 것은 그 사람과 어떤 식으로든 관계가 형성되는 것을 거부하는 것과 같다.

회사에서 '이 달의 직원' 으로 당신이 선정되었다. 그래서 사무실 동료가 축하한다는 말을 건넸지만 당신은 마치 썩은 오렌지라도 받은 것처럼 모른 척 싹 무시해버렸다. 그러고 나면 당신은 과연 어떤 기분이 들까? 그 사람과의 관계가 친근해진 것 같을까? 잘했다는 생각이 들까? 아마 아닐 것이다.

칭찬을 받아들이기 힘든 것은, 당신 혼자 속으로 부정적인 생각들을 하면서 칭찬보다는 그 생각에 몰두하기 때문일 수도 있다. 때로는 딴청을 피우거나, 방어적인 태도를 취하거나, 칭찬의 내용을 시시하게 만들어버리거나, 자기가 먼저 반대의 뜻을 표함으로써 칭찬을 회피하기도 한다.

칭찬	옷 색깔이 정말 잘 어울린다.
부정적인 생각	핑크색 옷은 입지 말았어야 해. 엄마는 늘 내 피부가 누르스름하다고 했으니까.
딴청 피우기	아, 지난번에 빌린 책을 내가 돌려줬던가?
적극적인 반응	내가 핑크색을 정말 좋아하거든.

칭찬	위원회를 개편하면 전체 시스템이 얼마나 효율적일지 브라운 씨한테 설명하는 모습이 정말 멋있었습니다.
부정적인 생각	어떻게 그런 말을 했는지 나조차도 실감이 안 나. 그분은 아마 내가 잘난 척한다고 생각할걸.
딴청 피우기	고마워. 하지만 나는 그 프로젝트를 진행시킨 자네가 더 존경스러워.
적극적인 반응	고마워. 개편을 단행해야 모든 게 잘될 거라고 생각했거든.

칭찬	네가 최고야. 의지가 돼줘서 정말 고마워.
부정적인 생각	네 얘기를 30분이나 들어줘서 고맙다는 거야?
딴청 피우기	아무것도 아니야. 진짜 별거 아니라고.
적극적인 반응	나도 좋았어. 도움이 됐다니 기뻐.

칭찬	선생님께 정말 많은 것을 배우고 있습니다. 제가 운이 좋은 것 같아요. 이번 학기에 선생님을 제 담당 교수로 모시게 되었으니까요.
부정적인 생각	불쌍한 녀석. 내가 좋은 선생이라고? 그럼 다른

학생들도 날 그렇게 존경한단 말야?

딴청피우기 그나저나 자네가 준비하던 논문은 잘되고 있나?

적극적인 반응 내 수업에서 좋은 경험을 쌓았다니 나도 정말
기쁘네.

칭찬을 받아들일 때는 그냥 가볍게 숨을 한번 내쉬고, 미소를
지으며 고맙다고 말하면 되는 것이다.

칭찬 받아들이기
· 칭찬을 받아들이는 것도 적극적으로 자기 주장을 펼치는 한
방법이다
· 부정적인 생각을 하거나 딴청을 부리지 말고 칭찬을 순수하고
적극적으로 받아들인다

45

심술궂게 대하기

가끔은 심술쟁이가 되라

1980~1990년대에는 자기 안에 존재하는, 아이 같은 심술궂은 모습을 어느 정도 내비치는 것이 유행이었다. 그 모습은 어린 시절에 받은 충격이 상처가 되어 현재 성격에 무의식적으로 남아 있는 우리 성격의 '초기 버전'과 같은 것이다.

그런데 때로는 자기 안에 존재하는 심술쟁이와 싸움꾼 기질, 남을 의심하고 자기 마음대로 하려는 성향을 끄집어내는 것이 매우 효과적일 때도 있다. 당신은 누구에게나 똑같이 보여주는 온화한 태도 속에 이 모두를 숨기고 있는 것이다. 이기심의 근원이 되는 이런 기질들을 일깨우면 당신은 충분한 힘과 용기를 갖고, 어른들의 세계에 존재하는 바보들과 대면할 수 있다.

당신의 심술쟁이 기질은 바로 다음과 같을 때 당신이 고약하게 굴 수 있도록 도와준다.

- 누군가로부터 푸대접을 받았을 때
- 점잖은 행동으로 일이 해결되지 않을 때
- 다른 사람의 관심을 끌 수 있는 유일한 방법일 때
- 그럴 만한 불평거리가 있을 때
- 누군가를 몹시 화나게 하고 싶을 때
- 소극적인 태도에서 벗어나도록 스스로에게 충격을 주고 싶을 때

커튼을 세탁하는 사람들이 일주일 전에 커튼을 세탁해서 다시 달아주었다. 그런데 커튼 길이가 좀 짧아진 것 같고 전보다 주름도 더 많이 져 있는 것 같아서 심기가 불편했다. 하지만 당신은 그들의 서류에 서명도 해주고 비용도 결제해주고 말았다. 그러나 보면 볼수록 속이 부글부글 끓는 것 같아서 전화를 걸어 길이도 예전처럼 늘려주고 다림질도 다시 해달라고 말하고 싶다. 그런 전화를 할 때는 반드시 자신의 심술쟁이 기질을 끄집어내야 한다. 다음 요령을 따라보자.

- 팔다리를 똑바로 펴고 소파에 반듯이 눕는다. 눈을 감고 숨을 천천히, 깊게 여러 번 쉬면서 몸의 힘을 뺀다. 마음에서 커튼을 비롯한 모든 생각을 지운다. 딱딱하게 경직된 근육이 있는지 살펴보고, 있다면 긴장을 풀어준다.

- 에스컬레이터를 타고 아래로 내려가듯 시간을 되돌리면서 천천히 과거로 돌아가는 상상을 해보자. 자신이 점점 더 어려지고 있다고 생각한다. 네 살이나 다섯 살 정도로 돌아갔다면 그 시점에서 멈춘다.

- 네다섯 살의 나이에 엄청 실망했을 때를 상상해보자. 원하는 것을 갖지 못했기 때문일 수도 있고, 하기 싫은 것을 해야 했기 때문에 그랬을 수도 있다. 아마 점점 더 화를 내고 기분 나빠하는 자신의 모습이 보일 것이다. 짜증 내고 소리치고 비명을 질러대고 얼굴이 시뻘게져서 닥치는 대로 집어던지는 자신의 모습을 지켜보자.

- 자신의 모습이 분명하게 보이면 그 아이와 합체되는 상상을 하자. 당신이 네다섯 살짜리 아이가 되는 것이다. 아이가 느끼는 분노와 심술로 분출되는 힘을 당신도 느껴보자. 짜증을 있는 대로 발산함으로써 느껴지는 해방감도 만끽하자.

- 이제 완전히 심술꾸러기가 된 것 같은 기분이 들면 눈을 뜨고 전화를 건다. 살면서 푸대접을 받은 것 같아 기분이 나

쁘면, 언제든 내 안에 존재하는 심술쟁이 기질을 끌어낼 수 있다는 것을 기억하자.

> **심술궂게 대하기**
> · 푸대접 받는 나를 구원해내려면 내 속의 심술쟁이를 끄집어낸다
> · 소극적인 나에게 충격을 주기 위해 기꺼이 심술쟁이가 된다

46

데이트 신청하기

솔직하게, 직접적으로 말하라

자기 의견을 적극적으로 표현하는 것과 의미 있는 관계를 맺는 것이 서로 어떤 연관이 있을까? 없다고 생각한다면 당신은 자신의 바람을 굳이 다른 사람에게 알리지 않아도 될 것이다. 사실 많은 독신 남녀들이 모험을 무척이나 싫어하며, 어쩌다 한번 시도하는 과정에서 큰 실수를 하기도 한다.

연인이 되고픈 사람에게 자기 의견을 제대로 전달하지 못하면 왜 뒤로 물러서야 하는지 다음 내용을 읽어보자.

어떤 사람들은 절대 자신을 드러내지 않기 때문에 그들을 기다리는 사람 역시 아무도 없다. 혹은 '정말 고맙게도' 모험을 감수하기는 하지만 그럴 때는 아무도 진정한 관계에 관심을 두지 않는다. 당연히 이들에겐 친목회 모임의 떠들썩한 소음만이 자신들의 하소연을 받아줄 수 있는 공간이 된다. 남편이 될 누군가가 결혼 반지를 사와서 청혼하기를 기대하면서 말이다.

저스틴은 자상하고 지적인 남자로 진정으로 결혼을 원하는 사람이었다. 결혼 후 장차 낳을 아이들 이야기를 할 때면 눈가에 눈물이 다 맺힐 정도였다.

그런데도 그는 왜 아직도 결혼하지 못했을까? 저스틴은 회사에서 아무도 만나지 못했기 때문이라고 말한다. 이런, 그의 사무실에는 모두 12명이 근무하는데, 그중 일곱은 애인이 있고 한 명은 그런 쪽에 전혀 관심이 없으며 네 명은 이미 쉰 살이 넘었다.

그는 토요일 아침마다 친구들과 함께 농구 시합을 한다. 저녁에는 근사한 요리를 직접 만들어 TV 앞에서 혼자 먹는다. 일요일에는 집에서 조금 내려간 곳에 있는 커피숍에 가서 《뉴욕 타임스》를 읽는다. 자신이 꿈꾸는 여성이 정치에 대해 토론하고 싶어 할 경우에 대비해 많은 지식을 쌓는 것이다. 신문을 읽을 때는 두 시간이 넘도록 고개를 들지 않는다. 해질 녘이 되면 분명히 그는 혼자서 지는 해를 향해 차를 몰고 갈 것이다.

저스틴에게는 분명 데이트에 대한 특별한 조언이 필요하다. 다음 방법을 따라보자.

데이트할 때 자신의 행동이 어떤지 되새겨보자

당신은 소극적인 유형인가? 그렇다면 주말에 아무도 만나지 못했다고 불평해서는 안 된다. 집 밖으로 나간 적이 한 번도 없기 때문에 아무도 보지 못했다고 해야 정확한 표현이다.

혹은 공격적인 유형인가? 만약 상대방이 보름 동안 목욕을 안한 사람 대하듯 당신을 대했다면 당신은 인식하지 못했지만 당신이 조금 과격한 태도를 보였는지도 모른다.

당신의 의사가 분명하게 전해지도록 하자

당신의 뜻이 어떻게 전달되는지 잘 모르겠는가? 친한 친구에게 조언을 구해보자. 저스틴의 친구는 이렇게 말했다.

"이봐 친구, 너는 꼭 비행기를 타려고 기다리는 사람 같아. 다른 건 다 보면서 여자만 안 보고 있잖아."

솔직하게 데이트를 청하자

관심 있는 사람에게 당신의 생각을 전하지 못하는 이유가 무엇인가? 아예 입을 다물고 있거나, 아니면 곧장 당신의 굴 속으로 상대방을 질질 끌고 가는 것 외에는 생각해본 적이 없는가?

나지막한 목소리로 솔직히 말하자. 먼저 "안녕하세요?" 하고 인사부터 한다. 보통 사람이라면 "그게 무슨 뜻이죠?" 하고 되묻지는 않을 것이다. 그리고 이렇게 말하자. "다음 주에 저와 커피한잔 하시겠어요?"

잘못 전달될 수도 있는 애매한 말들은 조심하자

이번 주는 정말 곤란하기 때문에 "이번 주는 안 되겠어요"라고 말했는데, 상대방은 이것을 '그녀는 날 좋아하지 않아' 라는 뜻으로 해석할 수도 있기 때문이다.

할 말을 미리 연습하거나 상대방이 보일 반응을 점쳐보고 나서야 겨우 용기를 얻는 사람들도 많다. 이들은 자신의 속마음이 드러날까봐 하고 싶은 말도 빙 둘러서 한다. 솔직하고 직접적인 모습을 보였다가 거절당하면 상처를 받게 될까봐 두렵기 때문이다. 당연히 그럴 수 있다. 거절을 하거나 당하는 것은 흔히 있는 일임을 잊지 말자. 하지만 이제 더 이상 홀로 길을 가고 싶지 않다면 그런 모험 정도야 해볼 만하지 않겠는가?

데이트 신청하기
· 데이트 할 때, 나의 평소 행동을 반성해본다
· 나의 의사를 분명하게 전달한다
· 데이트 신청은 솔직하게 청한다
· 애매하게 전달될 수 있는 말들은 피한다

아름다운 이기주의는 나와 우리를 다 함께 행복하게 한다.